KB253304

*

마도로스 153

*

초판1쇄 - 2008년 5월 31일

*

지은이 - 최 현 배
펴낸이 - 채 주 희
펴낸곳 - 엘맨출판사
*

서울특별시 마포구 망원동 379-41
출판등록 - 제10-1562호(1985.10.29)
*

Tel. 02-6401-7004
Fax 080-088-7004
E-mail. elman1985@hanmail.net
*

잘못된 책은 바꾸어 드립니다.
무단복제를 금하다.
*

값 12,000원

시인, 최 현 배 집사의 간증

마도로스 153

최현배 지음

사람마다 먹고 마시는 것과 수고함으로 낙을 누리는
것이 하나님의 선물인 줄을 또한 알았도다(전도서 3:13).

나의 독백

저물어가는
인생고개의 여운
뒤를 돌아보았습니다
희망과 미래의 꿈을 향해
몸부림치며 기(氣)를 준비하던
사춘기의 시절
넘치는 열정의 힘은
봄날 나무줄기의 수액이었고
뒷산 높은 정기는
내 영혼의 숨소리였습니다.
육신은 잠시 꿈속을 헤매며
반은 익고 반은 설익은 것이었습니다.
응어리진 가슴을 보듬고
조심조심 살얼음을 밟으며
앞만 보고 걸었습니다.
인생 만추(晚秋)의 고개를 넘으면서
시속으로 들어갑니다.
그러나
시의 늪은 너무나 시립니다.
지혜의 영(影)이 내게 임하소서.
내게 임하소서.

돌아본 추억

해는 서산으로 지고
달은 개울 물속에 떠 있었네
소 시절 추억이 떠올라
삶에 찌들은 몰골을 하고
지친 영혼의 뒤안길에서
아련하게 떠오르는 추억 속에
잠시 눈을 감았습니다.
세찬 풍랑에도 사라지지 않고
용케 헤쳐 나온 만경창파에
일엽편주의 내 영육이
잔잔한 호수에 닻을 내리고
울렁이는 속을 안정시켰구나.
한 세월에 60이 넘어
많이도 변한 고향
그 옛날 고향속의 즐거움은
아련히 추억 속에 있었네.

추천의 글

지세포교회 백 종인 담임목사

해금강의 절경만큼이나 아름다운 지세포의 바다 빛깔이 눈부시게 아름다운 어느 가을날이었지요. 사랑하는 최 집사님께서 한 뭉치 원고를 가지고 제 앞에 수줍은 듯 내미시는 것이었습니다.

"목사님, 부족하지만 평생 함께하신 하나님의 은혜를 그냥 홀로만 간직하기엔 너무나 가슴 벅찬 하나님의 사랑 때문에 그 은혜를 이렇게 부족한 필력으로나마 책으로 엮어보고자 합니다."

궁금함과 약간의 설렘으로 한 장 두 장 편안한 마음으로 원고를 넘기다가 나도 모르게 집사님의 60년 인생 속으로 빨려 들어가 가슴 아픈 사연을 마주 대하면서 마치 나의 인생인양 가슴이 시리고 속에서 아픔이 저미어 옴을 느낄 수 있었습니다.

4년에 가까운 세월 동안 함께 몸 된 교회를 섬기며 가깝게 지내시던 집사님이었기에 목사로서 나름대로 사정과 형편과 기도제목을 잘 알고 있다고 자부하던 저의 생각이 얼마나 부끄러웠던지 얼굴이 확 달아오르면서 마음으로 주님께 용서를 구했습니다. 집사님의 인생 스토리를 읽어 내려가면서 목사인 저의 인생도 새롭게 조명하시고 치유하시고 회복시켜 주심을 느끼고 깊은 감사를 드립니다.

이 책은 신앙 간증집 이 전에 거제도의 외로운 섬에서 태어나 험하고 거센 고통의 바다를 60년 동안 항해하면서 겪었던 한 인생의 희로애락을 적나라하게 써 내려간 누구나 공감할 수 있는 한 편의 인생 드라마입니다.

여기에는 눈이 시리도록 아름다운 거제 바다의 품속에 태어났지만 경치만으로 채워질 수 없는 인생사의 고통이 녹아 있습니다. 섬마을의 지역적인 한계와 가난으로 못다 이룬 향학의 아픔, 생각만 해도 소름끼치는 제대 말년의 군대 총살 사건에의 연루, 제대 후의 기나긴 방황의 터널, 그리고 무작정 상경하여 겪은 청년시절의 꿈과 실패 그리고 밀려오는 절망과 좌절, 연이어 터지는 육신의 질병들……. 뼛속 깊은 곳까지 말라 들어가는 피골이 상접한 앙상함으로 다시 고향으로 숨듯이 유턴해야 했던 청년기의 고통, 불가능해 보였던 결혼……. 그러나 천사 같은 아내와의 불가사의한 만남, 행복한 꿈을 안고 다시 상경하지만 또다시 불어 닥치는 인생의 거친 한파에 산산이 부서지는 한 청년의 꿈과 좌절, 그리고 척추종양으로 인해 신체장애자로 살아야하는 사실상 정신적 사형선고를 받기까지의 방황과 번민은 한 마디로 하나님 없는 인생의 처절한 몸부림이었습니다.

위험한 수술을 앞에 두고 지푸라기라도 잡고 싶은 심정으로 찾은 법당 이야기는 하나님 없는 집사님 인생의 나약함이었습니다. 난파 직전의 일엽편주마냥 철저하게 비참해진 사면초가의 막달은 골목에서 고통 속에 눈물 흘릴 때 찾아오신 하나님의 방문은 집사님의 인생을 향한 주님의 다메섹 사건이었습니다.

………………………………………… 중 략 …………………………………………

비로소 빛이 찾아왔습니다. 음지인생이 양지인생으로 바뀌고 얍복강의 야곱처럼 집사님의 인생은 비록 환도뼈가 부러져 한 쪽 다리의 장애를 평생 안고 살아야 하지만 오히려 그것이 구원받아 새롭게 된 은혜의 사인이라고 겸손하게 간증하며 살게 하는 아름다운 전도자가 되게 하셨습니다. 그런 집사님을 사랑하고 축하드립니다. 그런 분과 함께 동역할 수 있는 만남을 주신 우리 하나님을 또한 사랑합니다.

이제 집사님과 함께 작은 소망을 가져봅니다. 에덴동산만큼이나 아름다운 거제와 남해안의 수많은 섬들을 다니며 그들의 피 묻은 복음을 증거하는 주님이 주신 꿈을 이루어 드리는 것입니다. 집사님의 인생의 삶을 통해 역사하신 하나님의 은혜를 간증하며 행복한 인생의 후반전을 사시는 집사님의 모습을 보고 싶은 것이 저를 비롯한 사랑하는 모든 성도의 소원일 것입니다.

이 책을 대하시는 모든 독자들에게 하나님의 놀라운 은혜와 축복이 함께 하실 것을 믿습니다. 다시 한 번 이 아름다운 간증을 허락하신 하나님께는 영광, 집사님께는 축하를 드립니다.

2008년 동터오는 새해 벽두에
"마도로스 153" 출간을 축하드리며

추천의 글

고신 증경총회장 이 금도 목사

최현배 집사님에게 베풀어 주신 성령 하나님의 역사의 증거를 집필하여 간증을 책으로 출판하고자 하는 집사님의 믿음의 의지와 신앙심의 발로에 먼저 찬사를 보내면서 그 영광을 하나님께 돌린다.

릭 워렌 목사님의 저서 "목적이 이끄는 삶"을 읽어보면 '저서' 제1과에서 우리가 하나님을 위해 만들어진 것이지 하나님이 우리를 위해 존재 한다는 것은 아니라는 것이다. 삶의 목적이란 우리 개인의 성취감, 마음의 평안과 가족과 직업 그리고 우리의 가장 큰 꿈과 야망보다도 훨씬 더 큰 것을, 또 우리가 이 땅에 살고 있는 이유를 알고 싶다면, 모든 것이 하나님으로부터 시작되어야 한다고 했다. 왜냐하면 우리는 그 분의 목적에 의해서 그 분의 목적을 위하여 창조되었기 때문이라고 했다.

이렇게 볼 때 최현배 집사님의 생을 통해 인도하신 성령 하나님의 역사는 당신의 목적을 위해 이끌어 가신 것임을 알 수 있다. 청년시절에서부터 우상의 늪에서 헤어나지를 못했었고 절대 절명의 고난의 쓰라린 삶 속에서도 꿈을 통한 역사는 북두칠성의 깨어짐과 사단인 구렁이를 보여주시고 잠언 3장 5-6절 말씀과 천국의 꽃을 보여주셔서 구원의 확신을 갖게 하신 것은 집사님의 삶에 목적을 이루며 푯대를 향해 달려갈 수 있도록 했다.

성령 하나님의 인도하심과 풍성한 은혜로 믿음의 삶을 살아가는 최현배 집사님의 간증은 은혜의 간증이요 확신에 찬 간증이 될 것

이라고 믿는다. 그러므로 이 간증집을 성도님 여러분들께 권하여
추천하는 바이다. 간증을 듣고 책으로 읽으시고 많은 관심과 격려
로 우리 주님께 영광을 돌려 드리고 하나님의 역사를 간증하는 최
현배 집사님이 전도자로 사명의 목적을 이루어 갈 수 있는 간증이
식지 않도록 기도로 합력하여 선을 이루는 우리 모두가 되기를 바
라면서 진정으로 집사님의 간증집 출판을 받은 은혜로 추천하여 추
천의 글로 하나님께 영광을 돌리며 집사님에게 축하를 드립니다.

2007년 10월

“마도로스 153” 출간에 기도드리며

간증의 글을 쓰면서

나는 이 간증을 통해서 삼위일체 하나님께서 살아서 역사하심을 믿습니다. 그리고 사랑의 하나님이심을 믿음으로 확신합니다.

하나님은 때가 되면 택한 백성은 불러 어떠한 방법을 통해서라도 반드시 자기 백성을 만드신다는 것을 체험으로 알았습니다. 아무리 하나님을 부인하고 피해갈지라도 하나님의 넓으신 사랑의 두 손에서 빠져나가기는 연약한 내 영혼이었다는 것을 말씀드립니다.

내 인생 40여년을 삭막한 세상의 바닥에서 독수리 날개 치듯 열정으로, 열망으로, 발버둥 쳐보았지만 인간만사 내 뜻대로 되는 것은 한 가지도 없었습니다. 돌아오는 것은 감당하기 어려운 고난의 긴 세월의 고통과 시련뿐이었습니다. 육신은 병들어가고 내 영혼은 만신창이가 되었어도 우상만을 의지하고 섬기던 내 인생은 사탄의 시험을 당하면서도 팔자소관이라고만 생각했습니다. 그러나 깨닫지 못하고 살아가는 이 불쌍하고 미천한 자의 삶을 통해서 성령 하나님은 당신께서 베푸시는 은사와 역사의 증거들을 보여 주시므로 이 은혜의 역사의 증거들을 책으로 쓰고 간증하게 했습니다.

결국에는 신경통이라는 병명이 척추종양으로 진단되어 절망의 비참한 기로에서 1983년 5월에 부산 메리놀 병원에서 척추종양 제거 수술 날짜를 받아놓고 사월 초파일 절에 가서 불공을 드리고 내려오던 길에서 성령 하나님은 더 이상 이 무지한 것을 버려두지 않으시고 구속의 은혜로 구원의 역사가 일어나기 시작한 것입니다.

이 연약한 자에게 성령 하나님의 자비의 사랑과 은혜의 복이 임하였고 내 인생행로가 완전히 바뀌는 순간을 맞은 것이었습니다.

불쌍하고 보잘것없었고 연약한 죄인에게 구속의 은혜는 임하였고 시인(詩人)으로까지 세워 주셨습니다. 이런 파란만장한 나의 60평생의 인생여정에 위대하신 하나님의 인도하신 증거를 여기에 기록하여 이 땅의 모든 백성들의 마음을 열어봅니다. 믿음 안에서 영안을 열고 위대하신 하나님을 만나보시기를 바랍니다. 위대하신 하나님의 베풀어주신 은혜의 역사를 증거 하면서 중간 중간 나의 인생 여정의 삶의 뒤안길을 노래하였습니다. 깊은 배려로 묵도해 주시기를 바랍니다.

감사합니다.

최현배 집사

목 차

1. 우상의 늪에서

나의 고난의 역경과 파란만장한 지난날들을 뒤돌아보며 60 평생의 인생여정에서 하나님의 베풀어 주신 구원의 은총과 인도하신 역사를 증거 하는 "신앙 간증"을 주 안에 있는 모든 분들께 전할 수 있도록 은혜 베푸신 하나님께 감사를 드립니다.

간증을 글로 쓰기에 앞서 잠시 명상에 잠겨 주마등처럼 지나가는 지난날들을 회상할 때 은혜의 역사가 확신에 찼고 나의 가슴에는 뜨거운 성령의 불이 타오르고 있었습니다.

하나님은 나를 통해서 당신이 베푸신 구원의 역사로 이루어진 모든 것이 증거 되기를 바라시므로 이 간증의 글을 쓰게 하셨습니다. 주 안에서 믿음의 삶을 사시는 모든 분들께서는 사람의 눈으로 읽지 마시고 영적인 눈으로 하나님을 우러러 만나보시기 바랍니다. 부족하고 부질없었던 한 인간의 연약한 삶이었지만 이 땅에 태어날 때부터 예정하신 주님의 택한 자로 크신 은혜 안에서 성령 하나님의 도우시는 역사가 있었기에 오늘의 내가 있었음을 간증합니다.

내 고향은 앞쪽은 동해의 바다를 향해 열려 있으며 우거진 나무들이 좌우 뒤로 병풍 치듯이 둘러싸여 있는 뒷산(山) 아래 초가지붕으로 단장한 시골집들이 옹기종기 모여 있습니다. 전봇대 같은 굴뚝으로 뽀얀 연기가 모락모락 바람에 나부끼며 하늘을 향해 올라갈 때 붉게 타는 태양은 앞바다 수평선 위로 떠오르는 따뜻하고 정

(우측 작은 섬이 관광섬 외도)

감이 넘치는 농어촌 마을이었고, 봄이면 마을 앞 당산에 탐스런 하얀 왕 벚꽃이 그 자태를 뽐내고, 여름이면 수령 약 천년을 자랑하는 거목의 정자 그늘 아래 온 동네 주민들이 모여서 구슬같이 흐르는 땀을 식히며 정을 나누는 소박하고 순박한 농어촌 마을인 거제도 동쪽 거제시 일운면 양화리(양화정)입니다. 8남매 중 일곱째로 태어나서 청소년기를 보냈던 마을 양화정입니다.

내가 어릴 적에는 해도 달도 뜨지 않는다는 시골마을이었지요. 그 옛날에는 면소재지나 읍내로 나가려면 길 양쪽으로 울창하게 우거진 나무숲 사이를 걸어서 다녀야 했던 오솔길이었습니다. 그러나 국도 14호선 도로로서 거제의 관광지로 명성이 난 지금은 해금강을 향해 2차선으로 깨끗하게 단장된 아스팔트 포장도로가 해안선을 따라 그 경관을 자랑하는 고향 마을인 양화정을 지나가고 있습니다.

그 때 그 시절에는 가난했지만 즐거운 시절이었습니다. 우물 안의

개구리처럼 넓은 세상은 바라보지 못하였지만 언제나 동쪽의 넓은 바다를 바라보며 수평선 위에 장엄하게 떠오르는 태양을 향해 미래의 희망을 소원했던 어린 시절이 있었고, 가슴을 활짝 열어 부푼 꿈을 안고 세상을 향해 힘찬 욕망을 갈구하며 절규했던 청년 시절의 아름다운 삶을 보낸 고향 산천이었습니다. 그렇게 정겹고 순결한 시골의 소박함이었지만 내 주위에는 하나님의 거룩함은 삶의 그림자 속에서도 찾아볼 수 없었고 우상의 늪에 빠져 헤어나지 못하는 현실이었습니다.

뿌연 안개속의 허황된 꿈을 꾸며 자기 잘난 체 내 중심, 내 고집으로 한 세대(世代)를 살아왔습니다.

우리 집안 역시 여느 가정과 마찬가지로 토속신은 물론 불교에 의지하여 부처님을 믿고 살아온 집안이었습니다. 부모님은 물론 나 역시 하나님의 이름을 알지 못하였으니 별도리가 있었겠습니까? 당산 신(神), 용왕 신(神), 산신(山神)을 섬기고 온갖 우상의 소굴에서 깨어나지 못하고 그것들을 믿고 섬기는 것을 최선의 삶의 방식으로 생각하고 살아온 가정에서 자라야 했습니다. 가족 중에 누가 아프든지 가정에 어려운 일이 생기면 점쟁이를 찾거나 굿판을 벌여서 해결하려고 했습니다.

그러나 하나님은 이 불쌍한 영혼을 영원 전부터 사랑하시고 어두움 속 사탄의 노예가 되어 있는 내가 죄인임을 깨닫게 하시어 오랫동안 구원의 때를 기다리셨음을 믿습니다.

예수가 누구였고 무엇을 하는 사람인지도 모르고 있던 그 때 군대에 입대한 나의 병영생활을 통해서도 하나님은 역사하셨지만 무지하고 미련하고 교만하였던 나였기에 하나님의 구원의 선물인 믿음을 깨닫지 못하였습니다.

[청년시절의 저자]

사탄의 굴레를 쓰고 살아가는 내가 어찌 평안의 길과 평탄한 길을 걸어왔겠습니까?

그리고 믿음을 깨닫고 그 광채의 빛을 어찌 보았겠습니까?

기개 넘치는 젊은 청년으로 신체검사 갑종 합격을 받아놓고 군입대 영장을 기다리고 있으면서 혹시나 하고 공무원시험에 응시하기로 작정하고 공부를 시작했습니다. 그런데 그 당시 적은 급료로 인해 현직 공무원들이 이직을 많이 할 때라 그 때의 분위기에 내가 실망을 하고 공무원시험을 포기했습니다. 그것이 지금도 안타까운 후회로 남아있습니다.

그러다 유난히도 더웠던 그 해 초여름에 보리타작은 물론이고 모심기에 한창이던 1965년 6월 24일, 나는 육군 39사단 신병훈련소에 입소하여 그 무더운 여름의 날씨를 감당하면서 6주의 전반기 훈련을 마치고 후반기 4주 훈련을 부산 군수기지사령부 운전교육대에서 운전교육을 받고 배출되기를 기다리고 있었습니다. 배출대에서 약

일주일을 대기하고 있을 때 전출 특명이 내려왔습니다. 그 부대는 303 수송이동 관리단 본부였습니다(T.M.O).

부대가 서울에 있다기에 얼마나 마음이 흡족했는지 어찌 할 바를 몰랐습니다.

303 수송이동 관리단으로 다른 두 명의 신병과 함께 12열차를 타고 관리단 본부가 있는 서울로 올라갔습니다. 관리단 본부를 찾아 관리단 본부장님께 전입신고를 마치고 곧바로 용산역 제6지구대 영등포역 TMO로 전출 명령을 받고 그곳에서 이등병으로의 군대생활이 시작되었습니다.

겨울의 영등포역은 쓸쓸한 분위기로 많은 사람들이 오고가는 역이었기에 도심의 냄새가 물씬 풍기는 기분 좋은 곳이었습니다. 슬픈 사연과 기쁜 사연들이 공존하는 영등포역 플랫폼은 여태까지 말

로만 들어본 플랫폼이었습니다. 그런 내가 그 플랫폼에 서서 추억을 만들고 군인들의 승하차 개찰을 보고 있었습니다.

종착역을 향하여 영등포역 플랫폼에 기적을 울리면서 우리 민족의 애환을 싣고 들어와서 어둠 속으로 빠져나가는 서울발 부산행, 서울발 목포행 열차들의 뒷모습을 바라보면서 한없는 감회에 젖기도 하였습니다.

영등포역 TMO에서 군대생활을 재미있게 보내고 있었으나 주특기 문제로 육군본부 지휘 검열에 걸려서 강원도 춘천에 있는 103보충대로 전출명령을 받았던 것입니다. 막상 다른 부대로 전출명령을 받고 보니 TMO 생활은 아쉬움 속에서 끝이 나고 허전한 가슴은 어쩔 수 없었습니다.

영등포역에서의 군대생활은 추억의 뒤안길로 남기고 불안한 마음으로 TMO를 떠나 강원도 춘천에 있는 103보충대로 가야했습니다. 그 곳 보충대에서 다시 7사단으로 명령을 받아 출발을 앞두고 있을 때 잠시 동안 있었던 보충대에서 나도 모르게 피부병이 옮았다고 해서 7사단 전출을 잠시 보류하여 원주에 있는 121후송병원으로 후송이 되었습니다. 참 어지러웠습니다. 그 곳에서 한 달간 피부병 치료를 받고 퇴원 후에 7사단으로 다시 돌아와 사단 보충대에 도착하였습니다.

그 곳 사단보충대에는 각 연대로 배출되기 위해 많은 대기병들이 대기하고 있었습니다. 그 날 저녁 잠시 쉬는 시간을 이용하여 병장

계급장을 단 사병이 내무반으로 들어와 거제도 출신 손들어 보라는 것이었습니다. 내가 기쁨과 놀라움에 손을 들었더니 그 병장은 나를 행정반으로 따라오라고 합니다. 얼마나 반가운지 숨도 쉬지 않고 바로 뒤따라갔습니다.

주위의 보충병들이 부러운 눈으로 바라보는듯해서 공연히 가슴이 뿌듯하여 순간 나는 천군만마를 얻은 기분이었습니다. 그 병장은 1962년 여름 장승포 산사태 때에 부산에 있던 공병부대에 근무하면서 복구지원 부대로 와 있었기 때문에 장승포를 잘 알고 있었으며 고향은 부산이라고 하였습니다.

병장은 나에게 내일 아침에 중대장님께서 스리코다 운전사를 뽑을 것이니 잘하라고 귀뜀을 해 주었습니다. 그 병장은 그 주간에 제대를 하는 제대병이었습니다. 그래서 자기의 후임자를 찾고 있었는데 나를 만난 것입니다.

다음 날 아침 중대장님이 출근하자 병장은 나와 카추샤에서 넘어온 두 사람을 불렀습니다. 기분은 좋았지만 운전이 미숙해서 전방까지 왔는데 걱정이 안 될 수가 없었습니다. 전방 소총소대로 가지 않으려면 여기서 꼭 운전을 하는 흉내라도 내야 했습니다.

이상하게 103보충대에서 혼자 피부병에 걸려 그것도 치료기간이 1개월이라는 기간을 통해서 치료가 되었고 7사단으로 오자마자 보충대에서 부산 출신 제대병장을 만날 수 있었다는 것, 그 곳에 좌충이 되었다는 것은 하나님의 놀라운 역사하심이 있었다고 나는 믿습니다. 이 일은 이 부족한 나에게 베푸신 하나님의 도움이 없었다면 불가능한 일이라고 확신합니다. 나의 영혼 깊고 깊은 암흑의 골짝에서 하나님의 사랑과 은혜는 나를 붙잡아 주셨으며, 구원으로 인도하시는 주님의 역사는 시작되고 있었다는 것을 나는 진실로 믿고 확신하고 있습니다.

병장은 나에게 그 곳에 운전병으로 배속시켜주고 자기는 제대하여 고향으로 내려갔습니다.

각 연대 예하부대로 병력을 수송하는데 운전이 너무 서투니까 중대장님은 다른 보충병을 받기로 결심하고 나를 연대 본부 중대로 전출명령을 내렸습니다. 이것 또한 좋은 인연을 만나기 위함이었습니다.

너는 청년의 때 곧 곤고한 날이 이르기 전, 나는 아무 낙이 없다고 할 해가 가깝기 전에 너희 창조자를 기억하라. 해와 빛과 달과 별들이 어둡기 전에, 비 뒤에 구름이 다시 일어나기 전에 그리하라(전 12:1-2).

이렇게 베푸시는 성령 하나님의 은혜의 역사를 깨닫지 못하는 이 미련한 자의 마음에는 예수라는 이름은 전혀 없었습니다.

중대장님의 특별한 보살핌과 배려로 분위기가 좋은 연대로 보낸다고 하였습니다. 가라면 가고 오라면 와야 되는 육군 졸병은 서러운 따블백을 또 다시 짊어지고 굽이굽이 강원도의 험한 산길을 돌아 고개를 넘어 산비탈에 진영을 치고 있는 연대 본부에 도착했습니다. 참 살벌한 전방부대의 분위기였습니다.

연대 본부중대 인사과 강 도환 상사님이 있었는데 6.25 사변 흥남 철수 때 LST 미 해군 함정을 타고 장승포에 내려 구조라에서 살았다고 했습니다.

나는 또 구세주를 만난 반가움에 어찌 할 줄 몰랐습니다. 내 고향이 양화정이라고 하였더니 구조라 건너편 양화부락을 잘 알고 있었습니다. 우리는 즉시 PX로 가서 막걸리 잔을 돌렸고 그 어려웠던 시절을 시간 가는 줄도 모르고 이야기를 나누다보니 마치 고향에서 고향선배를 만나고 있는 기분이었습니다.

그 곳 7사단 5연대 본부중대 대기소에서 며칠을 기다리다 전방소총소대로 가지 않고 연대 본부로 전입명령이 내렸습니다.

연대 본부에서 근무를 하게 되니 속된말로 엄청나게 운이 좋은 편이었습니다. 최전방 소총소대로 가지 않은 것만도 다행이었습니다. 강원도 화천군에 있는 부대는 그래도 후방 지역이었고 말로만 듣던 강원도 산골짝은 진짜 산골이었습니다. 부대 주위에는 앞뒤로 산이 첩첩이 능선을 이루고 있었으며 강원도 산골 화전민(火田民)들이 산 중턱에다 심어놓은 메밀꽃은 정말로 눈같이 하얗게 비춰 전방의 밤을 사로잡았습니다. 적막이 흐르는 달밤에 전방의 그 분위기는 처량하기 그지없었고 서산으로 지는 달빛 아래서 야간보초를 설 때는 그 하얀 메밀꽃에 반하여 고향생각이 절로 났습니다.

그 당시 사단에서는 외출하는 병사들은 언제나 하이바를 쓰고 소총과 실탄은 항상 휴대하고 다녀야 했습니다.

부대에 많은 전우들이 있지만 그래도 PX 최 춘경 상병하고는 마

(PX에서 전우들과 막걸리 잔을 나누고……오른쪽 첫째가 저자)

음을 터놓고 의지하며 지내는 전우였습니다. 나보다 군번이 3개월 정도 늦은 최 춘경 상병은 경북 대구 칠성 출신으로 참 재미있고 의리가 있는 친구였습니다.

'어이! 막걸리 한 잔 어때' 하면 '아이고 오이소 허허' 하면서 PX 로 오라하고 누가 볼까봐 손짓을 합니다. 뒤도 돌아보지 않고 올라 가면 찌그러진 주전자에다 얼음 막걸리 한 주전자를 가지고 옵니다. 그러면 한 사발씩을 나누어 마시고 동서고금의 이야기를 나누던 친 구였습니다.

즐거운 군대생활은 늦여름을 보내면서 밤에 불어오는 바람은 우 거진 나뭇잎을 비비니 검은 빛 하얀 빛이 으스스한 무서움으로 변 합니다. 보초를 서다보면 이런 그림자의 분위기로 인해 소름이 끼

치는 상황도 자주 봅니다.

보초 교대시간이 되어 교대병이 옵니다.

'시간이 새벽 3시니 잠이 들 때쯤이면 기상시간이 되겠구나'

내무반으로 들어와서 잠자리에 누워 잠을 청합니다. 이렇게 하여 새벽은 밝아오고 기상시간을 향하여 시계바늘은 쉬지 않고 돌아갑니다.

2. 주님의 사자

　1966년도의 전방에서의 군대생활은 큰 변화가 있었습니다. 한 가지 특별한 일이 있었던 것은 66년 4월에 월남 비둘기 부대 지원병 모집을 한다는 말을 듣고 행정반으로 가서 지원서를 쓰게 된 것입니다,

　그런데 선임 하사가 옆에서 가지 말라고 극구 만류하는 바람에 멋쩍은 듯이 포기하고 행정반을 나왔습니다. 그 분이 왜 나를 만류하였는지 지금도 이해할 수 없으나 그 분의 한 마디로 인하여 내가 살아있는지도 모릅니다. 그 시간에도 하나님의 나를 향하신 은혜의 역사가 이루어지고 있었음을 느낄 수가 있습니다.

　그 해에는 유난히도 여름 무더위가 심하여 모든 장병들이 일과를 마치면 런닝과 팬티차림의 시원한 복장으로 더위를 식히던 늦여름이었습니다. 부대 내 장병들은 자유 시간을 즐기면서 군데군데 모여 앉아 각자의 거짓말 보따리를 풀어놓으며 즐거운 오후 시간을 보내고 있던 시간이었습니다.

　자기 집에는 금송아지가 있고 무엇이 어쩌고저쩌고 하는 이 거짓말 보따리야말로 최고의 보물단지지요. 남자들만 모인 곳이라 한바탕 웃음꽃을 피우며 왁자지껄 소리 지르며 웃고 떠드는 장병들은

물론 취침 시간을 기다리고 있는 장병 또는 PX로 소변 냄새나는 약주 마시러 가는 장병들 등 각자의 자유 시간을 보내고 있던 시간이었습니다. 그 때의 시간이 해 질 무렵이었지요. 이곳에서 여자 이야기는 단연 1위였습니다. 한참 웃으며 여자 이야기로 꽃을 피우고 있는 시간에 나를 찾는 소리가 들렸습니다.

“최 현 배 상병님”

“어이! 최 상병 너 찾는다.”

“예. 여기 있습니다.”

그러고 보니 내 앞으로 걸어오는 군인들이 있었습니다. 하이바에 하얀 십자가 견장을 붙이고 장교 한 사람과 사병이 찾아왔습니다. 군종실에서 온 군목이었습니다. 군목이 왜 나를 찾을까 잠시 의아해 했습니다. 생각해 보면 군목(軍牧)과 나는 아무런 상관이 없는 처지입니다.

“최 상병님 수고스럽지만 나중에 저녁 8시까지 교회로 좀 나와 주셨으면 합니다. 기다리고 있겠습니다.”

뜻밖의 군목의 부름에 당황하면서도 가겠다고 대답을 했습니다. 아무 영문도 모른 채 시간을 맞춰 교회로 찾아갔습니다. 교회는 부대에서 얼마 멀지 않은 모퉁이를 돌아 언덕배기에 있었습니다. 내키지 않은 걸음이었지만 교회로 들어가 보았습니다. 탁자를 복판에 두고 빙 둘러앉아 있는 장병들이 약 15명 정도 되었고 나에게 왔던 그 장교와 사병과 또 다른 사병 몇 명이 함께 앉아 있었습니다.

　그들이 하는 대로 아무런 말없이 따라 할 수밖에 없었습니다. 갑자기 당하는 일이라 무엇이 어떻게 돌아가는지 알 수 없었고 머리만 띵하니 아팠습니다. 모든 예배순서가 끝났는지 탁자 위에 놓여 있는 음료수와 과자와 과일을 먹자고 합니다. 낮에 왔던 그 사병이 기도를 한 후에 우리는 준비한 음식을 맛있게 먹고 인사를 나눈 후에 교회를 나왔습니다.

　그러나 나는 기독교에 대해 아무런 관심이 없었기 때문에 왜, 무엇 때문에 우리를 초대하여 이렇게 대접을 했는지 알 수 없었습니다. 어떤 말도 귀에 들어오지 않았으니 나에게는 소귀에 경 읽기였고 주는 과자와 음료수만 먹고 나왔습니다. 내무반으로 돌아와서 곰곰이 생각을 해 보았습니다.

　'참 이상도 하지?'

　'왜 하필이면 많은 장병들이 있는데 우리 몇 명만 불러 대접을 하였을까?'

　아무리 생각을 해 보아도 이유를 알 수가 없었습니다. 그런데 문득 스치고 지나가는 생각이 났습니다. 내 생일이 9월 20일이라는 것을 알았습니다. 그리고 보니 부대 내에서 9월이 생일인 장병들을 불러 교회에서 전도를 위한 생일잔치를 해 준 것이라는 것을 알았습니다.

'아! 그래서 생일잔치를 했구나.' 하고 생각은 했지만 이런 생일잔치는 나의 뇌리에서 언제 그런 일이 있었는지도 모르게 어둠 속으로 사라져가는 밤안개에 불과했습니다. 그 아름답고 광명한 빛을 보지 못하고 어두운 길을 아무 생각 없이 걸어가는 이 불쌍한 영혼을 하나님은 너무너무 안타깝게 여겼을 것입니다.

"현배야, 너는 빨리 광명한 빛을 보아라." 하시며 나를 바라보셨을 것입니다. 내가 예수님을 영접하고 구원의 확신을 가졌을 때에야 비로소 오늘의 일어난 일을 깨달은 것입니다.

20년 전 그 때, 나를 찾아와 생일파티를 해 준 군종목사(軍宗牧師)님은 하나님이 나에게 보내신 하나님의 사자였다는 것을 알았습니다. 하나님의 사자는 나를 찾았지만 하나님의 존재 자체를 부정하며 지내오던 현실에서 세상의 쾌락만이 눈에 보였으니 어찌 그 거룩하고 오묘한 복음의 빛을 바라볼 수 있었겠습니까? 이 어두운 사탄의 짐을 지고 고난의 넓은 길을 걸어가면서 앞으로 펼쳐질 눈물의 쓰라린 고통의 길을 나는 꿈에도 생각하지 못했던 것입니다.

하지만 지난 여름 교회에서 대접을 받았다는 것만 어렴풋이 생각나고 교회에 관한 다른 어떠한 것도 나의 마음속에는 남아 있지 않았습니다.

겨울이 깊어가면서 매서운 추위가 겨울의 삭막함을 더하고 군대생활의 지루함을 감수하면서 1966년은 지나가고 제대날짜 수만 손꼽아 세어보는 1967년의 태양은 백두대간의 태백능선에 떠올랐습니다.

　해는 바뀌어도 화천지구의 추위는 여전하였습니다. 꽁꽁 얼어 있는 개울물에 세수를 하면 심장에 소름이 끼칠 정도로 차가웠고 PX의 막걸리 드럼통에도 아직 얼음이 녹지 않고 얼어 있었습니다. 얼음을 깨고 작은 그릇에 따라 부으면 얼음이 동동 떠 있었고 마시면 얼음이 입안에서 바작거리면서 넘어갑니다. 이것이야말로 진정 시원한 육군 칠성부대 얼음막걸리가 되는 것입니다. 보초 서면서 먹어볼까 하고 지내 콩과자 한 봉지를 사 가지고 갔지만 내무반에서 모두 처분하고 보초 설 때에는 빈손입니다.

(앞줄 왼쪽이 저자)

믿 음

그 어둔 우상의 늪에서
헤어나지 못하고
너무나 멀리 있었지
아쉬운 지난 세월들

나와는 무관했던 예수의 그 이름
애써 외면했던 찬란한 그 빛
그러나 한 알의 복음의 씨가
내 가슴에 떨어져
복음의 열매를 맺었구나.

오늘의 삶도
은혜의 풍성함으로
고달픈 세속에서
평안의 안식을 주소서

이 땅의 창조주이신
하나님 의지하며
나눔의 정으로
믿음으로 승리하는
삶을 주소서

3. 살인의 공범

봄은 문턱에 왔는데 날씨는 여전히 추웠고 함박눈은 봄이 오는 것도 모르고 내립니다. 화천지구의 온 산들과 산등선에도 내리는 하얀 함박눈은 쌓여만 갔습니다. 제대 말년을 앞두고 3월이 되어서야 병장으로 진급이 되었습니다.

제대 날짜를 손꼽아 기다리던 봄이었습니다. 겨울이 지나고 봄이 오는가 싶으면 바로 여름이 되는 곳이 강원도의 계절입니다.

오월이면 실록의 계절이 시작됩니다. 온통 푸르게 물든 산천 깊은 계곡 속에서도 전선의 여름은 무르익어 갑니다. 왕매미 그늘 아래서 노래할 때 정수리를 향해 내리쬐던 태양은 서서히 그 날카로움을 잊어가고 강원도 여름의 무더위도 아쉬운 듯 벌써 그 푸르름이 점점 노랑색 붉은색으로 탈색되어 갔습니다. 온 산천은 단풍으로 사람들의 쓸쓸한 정서(情緖)를 한 수의 시(詩)로 표현할 때 그 고독의 적막 속에서 귀뚜라미 울음소리에 쓸쓸한 가을이 되었습니다.

황금물결이 넘실대던 가을의 추수가 끝나고 태양은 더욱 남쪽으로 내려가고 찬바람이 불어오는 초겨울로 접어들었습니다.

1967년 말에 그렇게도 기다리던 제대 날짜가 나에게도 주어졌습니다. 기쁘고도 기쁜 그렇게도 기다리던 제대 특명이 내려졌습니다.

제대 특명서를 받아 쥔 나는 얼마나 기쁘고 좋았는지 모릅니다.

곧바로 PX로 달려갔습니다.

"야! 임마."

"춘경아 나 제대특명 내려왔어!"

"응! 제대특명 내려왔다고? 그래 며칠이고….''

"부대 출발 12월 9일이다"

"야, 참 너를 보니까 부럽구나."

"야! 막걸리 한 사발 하자구나"

우리는 즉석에서 술잔을 기울이고 그동안 쌓아온 정을 확인하고 있었습니다. 부대 출발일이 한 달하고 십 일 정도 남아있었습니다. 이제는 나도 제대 말년 병장으로 가슴이 부풀어 있었습니다. 지네 콩도 오줌 맛 나는 약주도 시원한 얼음막걸리도 먹어 볼 날이 얼마 남지 않았습니다. 기분은 벌써 집으로 가고 있었습니다.

어영부영 농땡이나 부리며 사역인솔이나 하면서 남은 한 달을 보내고 마지막 일요일을 맞아 보람 있는 하루를 보내기 위해 최 춘경 병장과 함께 외출증을 발급받아 화천 읍내로 나갔습니다.

오늘이 지나면 언제 다시 올지 모르는 2년 동안 정들었던 화천 읍내 이곳저곳을 다니며 그동안 알고 지내던 그 곳 사람들을 찾아 아쉬운 작별의 인사를 막걸리 한 잔으로 나누고 약간 취기 있는 기분으로 귀대 시간을 맞춰서 부대로 향해 들어오는 길이었습니다.

부대 앞 다리를 건너기 전에 몇 군대의 술집이 있었습니다. 그냥 지나치려고 하니 시간이 조금 남아있었습니다. 우리는 아쉬운 생각이 들어 그동안 자주 드나들던 술집으로 들어갔습니다.

그 술집은 아가씨 셋을 고용하고 있었습니다. 술집으로 들어서니 아니나 다를까 수송관대리 육군 중위와 사병 몇 명과 아가씨들이 기분 좋게 술을 마시고 있었습니다. 우리 둘은 반가운 중에 귀대 시간도 잊어버리고 합석하여 술을 마시기 시작했습니다.

정말로 이 술 자리가 얼마나 무섭고 황당하고 어처구니없는 사건에 휘말리게 될 줄 어찌 감히 짐작이나 했겠습니까?

"최 병장 제대 축하한다."

"예, 김 중위님 감사합니다."

중위가 나에게 술을 권하면서 제대 축하를 해 줍니다. 김 중위께도 술 한 잔을 권하고 삥 돌아가면서 술잔을 주고받고 노래가 나오면서 몇 차례의 술잔들이 돌고 어찌 보면 제대 파티를 하는 기분이었습니다.

이렇게 분위기가 무르익던 시간에 중위가 마음에 품고 있던 한 아가씨를 불러 자기와 데이트를 하자며 강요하기 시작했습니다. 그 때는 음력 동짓달이었는데 조용한 날씨에 바람이 불지 않아 따뜻하였고 유난히도 밝은 달밤이었습니다.

　그러나 그 아가씨는 중위의 말을 듣지 않았고 불편한 심기로 버티고 앉아 있었습니다. 중위는 가만히 있지 않습니다. 방안 술좌석의 분위기는 찬물을 뿌린 것처럼 조용해졌습니다. 중위는 방안의 분위기를 감지한 듯 자손심이 상하는 모양이었습니다. 아가씨한테 몇 번 강요를 했지만 아가씨는 말을 듣지 않았습니다.

　그러자 더욱 화가 난 김 중위는 일어서서 숫자를 세면서 다시 조르기 시작합니다. 아가씨는 그래도 중위의 강요를 거부하고 앉아 있었습니다. 이 거부가 죽음을 재촉할 줄 어찌 알았으랴. 사병들이 있는 자리에서 자존심이 상한 김 중위는 갑자기 권총을 빼들었습니다. 그리고 김 중위는 데이트를 강요하고 있었습니다.

　권총을 보고도 아가씨는 꼼짝을 하지 않고 고개를 숙인 채 어쩌면 반항할 자세를 취하면서 무언가 생각을 하고 있는 것 같았습니다. 그러자 얼빠진 중위는 자기의 자존심을 자제하지 못하고 권총에 실탄을 찰가닥 장진하고 있었습니다. 그리고는 안전핀을 빼고 권총을 아가씨를 향해 겨누었습니다.

　중위의 그런 행동을 보는 순간 정신이 아찔하면서 우리들은 누구라 할 것 없이 설마 쏘겠나 하며 뒤 벽 쪽으로 모두 가서 기대어 앉을 순간이었습니다.

　그 얼빠진 중위(中尉)는 끝내 손에 들고 있던 권총의 방아쇠를 당겼던 것입니다. "꽝" 하는 총소리는 방안의 분위기를 잠식했으며 엄청난 소용돌이 속에 휘말렸던 방안은 유일하게 비춰주던 남포 불을 삼켜버렸습니다. 그런 캄캄한 방안에는 잠시 고요의 적막이 흘러 주위는 아무것도 보이지 않았습니다. 그리고 공포의 시간은 흐르고 있었습니다. 그 때 누군가가 소리쳤습니다.

"불을 켜라"

"죽었나?"

조용한 가운데 불안과 공포감에 쌓여 있던 방안에서 어느 사병의 행동에 모두가 정신을 차렸습니다. 어둠 속에서 어느 사병이 라이터에 불을 켰습니다. 불을 켜는 순간 방안의 그 처참했던 현실이 눈앞에 펼쳐지고 있었습니다. 눈을 뜨고 어떻게 그 비참하게 죽어 있는 아가씨의 시신을 볼 수 있었겠습니까?

아가씨는 개구리처럼 앞으로 납작하게 엎드려 쓰러져 있었고 머리에는 피가 흐르고 있었으며 사방으로 튀어나간 피는 벽에는 물론 온 방바닥에 난장판이 되어 있었습니다. 피비린 나는 현장이었습니다. 아가씨의 생사를 다시 한 번 확인 해 보았습니다. 그러나 아가씨는 잠시나마 자기의 순결을 마음에 간직하기 위해 육군 중위의 강요를 거부하다가 비참하게 꽃다운 생을 마치고 죽어갔습니다.

순간의 실수로 사람을 살인한 육군 중위는 권총을 손에 든 채 멍하니 서서 싸늘하게 죽어 시체가 되어 쓰러져 있는 아가씨의 시신을 바라보고 서 있는 모습이 측은하기 그지없었습니다. 한 순간의 욕정으로 돌이킬 수 없는 엄청난 사건을 저질러 놓고 자기를 원망하고 후회하고 용서를 빌어본들 무슨 소용이 있었겠습니까?

세상에 태어나서 처음으로 죽어 쓰러져 있는 사람의 시신을 바라본 최 춘경 병장과 나는 누가 먼저라 할 것 없이 밖으로 뛰쳐나왔습니다. 너무나 기막힌 사건에 휘말린 순간이었기 때문에 놀란 가슴을 쓰다듬을 여유조차도 없이 우리는 부들부들 떨고 있었습니다. 온몸에 힘이 빠져 기진맥진하여 내 몸이 어디에 있는 것인지 분간이 안 되었습니다. 갑자기 내 몸이 하늘로 붕 떠서 깊은 낭떠러지로 떨어지는 공포감과 외로움의 고독이 내 몸을 억압하여 오고 무서움의 한기가 밀려왔습니다.

목이 타면서 갈증이 났습니다. 제대고 뭐고 이제는 다 틀렸구나. 제대를 생각하니 앞이 캄캄했습니다. 귀대하면서 곧바로 부대로 들어왔어야 했습니다. 그런데 그 놈의 술이 원수(怨讐)였습니다.

원수(怨讐)!

술 좋아하다가 살인자의 공범이 되었고 이제는 죄수가 되어 헌병대로 끌려가는 일만 남았습니다. 고향이 아니고 형무소로 가는 길밖에는 없었습니다. 밖으로 나온 우리 둘은 정신없이 힘없는 발걸음으로 터벅터벅 부대로 들어왔습니다. 아무 영문도 모르는 일직사관이 외출에서 미귀했다고 야단을 쳐도 일직사관의 그 말은 내 귀에 들리지도 않았습니다. 그래도 나는 사실 그대로 일직사관에게 보고했습니다. 일직사관의 얼굴이 창백해지고 있었습니다.

"뭐라고 하는 거야!"

"최 병장 네가 그 곳에 있었다니 지금 무슨 소리 하고 있는 거야"

부대 정문 초소에서 총소리를 듣고 일직사령실에 전화를 했던 것 같았습니다. 이 사건은 순식간에 사단 내 당직실로 연락이 되어 사단이 발칵 뒤집혔습니다. 행정반에는 전화벨 소리가 발발이 울리고 있었습니다.

'술집 아가씨를 중위가 권총으로 살해 했단다.' 소문은 꼬리를 물고 퍼져나갔습니다. 행정반에서 머리를 처박고 앉아 있으니 방첩대에서 오라는 전화가 왔다고 해서 방첩대를 향해 후들후들 떨리는 발걸음으로 방첩대 행정반으로 갔습니다. 방첩대에서는 많은 것을 물어보지 않았고 간단히 묻는 말에 대답만하고 다시 부대로 돌아왔습니다.

잠을 청해보았지만 잠을 잘 수가 없었습니다. 무서움이 억누르고 두려움이 나의 사지를 얼어붙게 하는 것이었습니다. 내가 어찌하여 사람을 죽이는 현장에서 공범으로 휘말리게 되었는지 기가 막혔습니다. 곧장 부대로 들어 왔어야 되는데 무엇 때문에 술집으로 들어가서 이런 변을 당하고 있는 것인지 몇 번이고 되씹어 보았지만 후회막심이었습니다.

뜬눈으로 밤을 지세우고 다음 날 아침 이등병이 아침을 가지고 왔지만 입안이 깔끄러워 먹지 못하겠고 긴장과 불안만 나의 가슴을 난도질하고 있었습니다.

베찌카 옆에 머리를 처박고 누워서 내가 수갑과 포승줄에 묶여서 남한산성으로 끌려가고 있는, 이런 방정맞은 생각을 하고 있는데 내무반 문 쪽에서 나의 이름을 부르는 소리가 들렸습니다. 깜짝 놀란 눈으로 문 쪽을 바라보며 재차 그 소리를 확인하니 아니나 다를까 헌병 백차가 왔다는 연락이었습니다.

'아 … 올 것이 왔구나.'

"최 병장 나오라"

바깥에서 선임하사가 부르면서 내무반으로 들어오고 있었습니다. 힘없는 발걸음으로 내무반 밖으로 나갔습니다. 두 명의 헌병이 백차에 앉아서 우리 두 사람을 기다리고 있었습니다. 나는 모든 것을 체념하고 헌병 백차에 올랐고 최 춘경 병장 이 놈도 풀이 죽어서 백차에 탔습니다.

백차를 타고 부대앞 다리를 건너며 그 사고의 술집을 지나칠 때 얼굴을 돌리고 말았습니다. 죽어 쓰러져 있던 아가씨의 모습이 떠올랐기 때문입니다. 백차는 파포리 고개를 넘어 사단사령부를 지나 헌병대로 달려가고 있었습니다.

헌병대 사령부로 들어 갈 때는 소가 도살장으로 들어가는 기분이었습니다. 헌병대 연병장은 넓었고 헌병대 조사실은 연병장 안 왼쪽에 있었습니다. 우리 두 사람은 조사실로 따라 들어갔습니다. 조사실로 들어가니 술집에서 함께 동석한 사병들과 남은 아가씨들이 먼저 와서 조사를 받고 있었습니다. 그런데 중위는 보이지 않았습니다. 슬쩍 물어보았더니 수송관 대리 김 중위님은 헌병대 유치장에 구속(拘束)되었다고 아가씨들이 알려주었습니다.

'참 인생무상(人生無常)이라더니 허무하게 되었구나' 생각하니 내가 남 걱정하고 있을 처지가 아니었습니다. 겁이 덜컥 나서 마음을 수습하고 있을 때였습니다.

"최현배"

"예"

"앉아!"

내 차례가 왔습니다. 조사관은 의자를 가리키며 그 의자에 앉으라고 합니다. 병장이라는 관등용어는 없어졌습니다.

"네가 이번 주에 제대하는 거야."

"예! 그렇습니다."

"너는 공범으로 외출미귀 죄를 포함하여 최소한 6개월이야. 알갓서!"

조사관은 버럭 소리를 질렀습니다. 고함소리에 깜작 놀라 눈이 똥그래 가지고 조사관을 쳐다보았습니다.

"저 책상 잡고 엎드려!"

그리고는 옆에 세워 두었던 길이 1메타 반 정도이고 직경은 약 7센치 정도 크기의 몽둥이를 집어 들었습니다.

"이 새끼 몽둥이 맛이 어떤 것인지 맛 좀 봐라. 야! 거기 엎드려!" 하며 고함을 지르는 통에 나는 얼굴이 하얗게 질렸습니다.

"야 임마! 몽둥이 칠 때마다 숫자를 세!" 하고는 거침없이 몽둥이를 내리치기 시작합니다.

"하나… 둘… 셋… 열… 열다섯… 스물" 이십대를 때리더군요. 엉덩이가 얼얼합디다. 몽둥이로 20대를 때리더니 "저 옆에 가서 앉아 있어!" 조사관은 또 소리쳤습니다.

다음은 최 춘경 병장 차례가 왔습니다.

"최 춘경 어디 있어!"

"이리로 나와!"

"거기 책상 잡고 엎드려!"

큰 소리를 지르며 불러 세우니 이놈도 새파랗게 질려 책상을 잡고 벌벌 떨며 엎드리고 있었습니다.

"임마, 칠 때마다 숫자를 세" 마찬가지로 소리를 지릅니다. 춘경이 이놈 몇 대 맞더니 인상이 달라집니다. 몽둥이 세례를 다 끝내고 얼얼한 엉덩이를 어루만지며 앉아 생각해 보니 아픈 것이 문제가 아니었습니다. 헌병대 영창을 간다는 것이 문제였습니다.

정말 무서웠고 앞이 캄캄해 집디다. 공범들과 함께 조서를 받고 하루 종일 그 무서운 취조실(조사실)에서 점심도 먹지 못하고 앉아 있었습니다. 육군 정량 두 끼를 먹지 못하고 녹초가 되어 다음은 어떤 차례가 있을지 기다리고 있을 때 조사실 헌병들은 어딘가에 전화로 바쁘게 연락을 하고 있었습니다. 그러더니 서슬이 퍼랬던 취조관이 소리를 버럭 지르면서 "너희들 각자 부대로 돌아 갓!" 하는 것이 아닙니까. 이것이 무슨 소리입니까?

순간 얼마나 감사했는지 모릅니다. '아이고, 조상이 돌보았구나.' 이렇게 생각을 하고 영문도 모르는 배려에 감사하면서 어두워지는 헌병대를 걸음아 날 살려라 하고 빠져나왔습니다.

이것이 어찌 된 일일까? 하나님의 은혜가 있었음을 나는 믿습니다. 영창으로 가야할 몸인데 자유의 몸으로 석방이 되었습니다.

우리 둘은 버스를 타고 부대로 귀대했는데 다른 사병과 아가씨들은 어디를 갔는지 알 수 없었습니다. 뒤에 들은 이야기로는 연대장님과 헌병대 대장님이 서로 상의하여 중위는 재판에 회부하고 사병들은 제대병도 있다고 하니 유가족의 판단대로 처리하고 석방하라고 했다는 것이었습니다.

오후 8시경이 되어서야 홀가분한 기분으로 부대로 돌아왔습니다. 이제 남은 문제는 유가족들의 행위에 따라 우리의 운명은 판가름 되는 것이었습니다.

사망한 아가씨의 고향은 서울 마포 어디라고 했습니다. 아가씨의 주민등록증을 가지고 부대 내 서울 출신의 사병을 연대장님의 명령으로 서울로 급파했습니다. 나의 운명의 날은 유가족들이 부대에 도착하는 날입니다. 그날(일요일) 저녁 늦게 마지막 버스를 타고 서울 출신 사병은 유가족들이 살고 있는 서울로 비보를 가지고 갔습니다. 나는 가슴을 조이면서 초조하게 유가족들이 오는 것을 기다려야 했습니다.

내가 제대를 하여 집으로 갈 것인지 아니면 헌병대로 다시 끌려가야 할 것인지는 유가족들이 와 봐야 알 수 있을 것입니다. 나의 가슴 속은 시커먼 숯덩이가 되어가고 초조와 걱정으로 밤잠을 설치고 있었습니다. 급파된 사병이 돌아오는 날은 화요일 저녁 늦게 쯤 올 것입니다. 한 시간이 백 시간 같은 시간을 보내고 있었으며 길거리에서 헌병 백차만 보아도 가슴이 철렁하고 내려앉는 기분이었습니다. 제대 파티니 뭐니 해서 한참 기분 좋게 헤매고 돌아다닐 이때에 생각지도 않았던 황당무계한 사건이 벌어진 것입니다.

앞뒤를 분간하기 어려운 현실 앞에서 누구를 원망하겠습니까? 그놈의 술이 원수였고 술을 원망할 수밖에 없었습니다. 사건이 사건이니 만큼 사단 내 전군에는 소문이 다 돌았으며 우리 연대는 연대장령으로 금주령이 발동하여 술은 입에도 대지 못하게 되었습니다. 그러다 보니 제대 파티는 물 건너갔고 초조한 기분만 가슴을 쓰리게 했습니다.

가슴 조이는 심정으로 서울로 갔던 사병을 기다리고 있던 중 수요일 저녁에 사병이 돌아왔습니다. 그런데 마땅히 같이 와야 할 유가족들이 보이지 않았습니다. 사병이 연대장실로 들어갔었는데 가슴이 조마조마 불안한 마음 감출길이 없었습니다. 한참 후에야 사병이 연대장실에서 내무반으로 왔습니다.

서울로 갔던 사병의 보고에 의하면 아가씨의 부모님은 모두 돌아가시고 안 계시며 부모님이 돌아가신 후 삼촌 집에서 어린 시절을 20세가 될 때까지 자라다가 가출하여 유흥가로 전전하며 이곳 화천까지 와서 외로운 삶의 생활에 미래를 걸고 고생하며 살다가 이렇게 비명횡사를 한 것입니다. 참 불쌍하고 애처로운 아가씨였습니다. 그러니 아가씨 삼촌의 답변은 부대에서 알아서 처리하라는 것이었습니다. 그래도 연대장님은 삼촌의 말은 미심쩍으니 다시 한 번 더 가서 재확인하고 오라는 명령을 내렸습니다.

연대장님의 명령은 나를 초조와 불안으로 만들었고 피가 거꾸로 서는 것 같았습니다. 다시 갔을 때 삼촌의 심경에 변화를 일으켜 부대로 찾아온다면 속절없이 우리 둘은 헌병대로 끌려가는 판이었습니다. 그 사병은 전령의 사명을 가지고 다시 서울로 갔습니다. 1967년 12월 8일 내일이면(9일) 제대하여 부대를 출발하는 날입니다. 서울로 간 사병도 돌아올 시간이 지나갑니다. 그래도 제대 파티는 해야 하겠는데 술이 있어야 분위기가 살아날 것이 아닙니까?

뜻하지 않은 사건에 휘말린 말년 병장은 생각만 해도 숨통이 터지는 제대 말년이 되었습니다. 금주령이 내려졌으니 무얼 먹고 제대 파티를 하면서 기분을 내겠습니까? 파티고 뭐고 간에 내무반 분위기가 말이 아니었습니다. 소 우물 들여다보듯이 소대원들은 모두가 자기 자리에서 서로 얼굴들만 쳐다보면서 말이 없었습니다.

그래도 나이가 말하는 것인가 참다못한 우 상병이 PX로 달려가더군요. 조금 있으니 음료수와 과자를 사 들고 들어왔습니다.

"이것이라도 먹으면서 파티를 하자. 최 병장님 도리가 없습니다." 계급은 낮아도 나이는 세 살 많은 우 상병이었습니다. 결국 그렇게라도 2년여의 정들었던 본부 중대 본부 소대 장병들과 이별의 제대 파티의 이름을 만들어 강원도의 화천 골짝에 여운을 남겼습니다.

음료수와 과자를 먹으면서도 혹시나 서울로 간 일이 잘못되기라도 할까봐 얼마나 가슴 조리며 애를 태웠는지 모릅니다. 두근거리는 가슴을 진정시키려고 하였지만 진정되지 않았습니다. 늦은 시간이 되어서야 서울로 간 사병이 돌아왔습니다. 내무반으로 들어오는 사병의 인상을 먼저 파악해 보았습니다. 사병의 보고가 나의 귀에 들려옵니다.

"최 병장님 염려 말고 제대해도 되겠습니다."

아가씨 삼촌의 말은 동일하다고 합니다. 얼마나 반가웠는지 모릅니다. 온 몸에 긴장이 풀리면서 한숨이 저절로 나왔습니다. 그 순간 허파에 들어있던 그 답답한 바람을 있는 대로 토해 냈습니다. 함께 동석하여 술 마신 것뿐인데 공범으로 취급되어 얼마나 가슴 조리며 애를 태웠는가 말입니다.

술 없는 제대 파티지만 마음 푹 놓고 즐겁고 기분 좋은 파티로 장식하는 시간이었습니다. 지난 29개월 23일간의 군대생활을 16미리 필름에 그 역사의 파노라마가 저장되는 숨 가쁜 마지막 밤의 이별의 노래를 불렀습니다.

다음 날 찬바람을 뚫고 고지 위를 떠오르는 태양은 칠성사단 5연대를 활짝 비춰며 즐거운 고향 길을 재촉하고 있었습니다.

"단결! 안녕히 계십시오."

금주령을 발동케 한 공범의 한 사람으로 경례를 할 때 모든 부대 장병들은 물론 하사관과 장교님들도 모두 나와서 웃으며 손을 흔들며 환송하였습니다. 그 때 인사과 보좌관님께서 큰 소리로 나를 불렀습니다.

"현배야 너 임마 혼났지 …… 잘 가거라" 하면서 손을 흔들며 내 이름을 불러 위로해 주는 보좌관님이 너무나 고마웠습니다.

나는 반은 우는 웃음으로 보좌관님께 손을 흔들어 주었습니다. 제대 병력을 태운 호송 차량은 슬슬 움직이기 시작했습니다. 숨 가쁘던 2052부대를 나오면서 29개월 23일간의 짜릿하고 아찔했던 지난날들을 순간 잠시 생각해 보았습니다.

하나님의 사자가 나에게 찾아왔을 때 나는 깨달았어야 했습니다.

그리고 예수님을 믿었더라면 이런 불상사는 일어나지 않았을 것이라고 생각 했습니다. 무사히 제대를 하고 집으로 돌아올 수 있었던 것은 하나님의 역사가 개입 되었으리라고 지금도 확신합니다.

39사 예비사단에서 제대증을 받음과 동시에 1967년 12월 16일은 육군본부 일보에서 초년의 인생 나그네 길 속의 나의 군대생활의 일보가 삭제되는 날이었습니다. 이제는 뿌듯한 사회인으로 당당히 섰습니다만…………

여호와께서 사단에게 이르시되 내가 그를 네 손에 붙이노라. 오직 그의 생명은 해하지 말지니라(욥 2:6)

욥기 2장 6절 말씀처럼 우상의 늪에서 깨닫지 못하고 있는 불쌍한 나의 생명을 사단이 해하지 못하도록 성령 하나님은 지켜왔고 지켜가고 있음을 확신하며 간증을 합니다.

4. 서울로 가자

살인의 공범으로 혼 줄이 났던 나는 이제 모든 것 다 잊어버리고 미래를 향해 달려가야 할 일만 남아 있었습니다. 고향에 와서 보니 삶의 현실은 여전히 답답했고 속수무책이었습니다.

무엇을 할까 하고 이 생각 저 생각을 해 보았지만 농촌에서는 특별한 일이 없었습니다. 군대에서는 큰소리 떵떵 쳤지만 막상 집으로 와서 보니 아무런 길이 열리지 않았습니다.

어려운 가정 형편으로 초등학교를 졸업하고 상급학교는 졸업장을 손에 쥐어보지 못한 나는 취직을 위해 동분서주 해 보았지만 취직은 되지 않고 답답하고 숨 막히는 일만 생깁니다. 당분간은 집안의 가사를 돌보아야 했습니다. 일자리를 기다리고 있으면서 별 수 없는 환경에서 술은 동이 술이었고 담배는 골초였습니다.

하루하루 찾아오는 갑갑함은 조급한 정신세계로 나를 몰아넣었고 밑천 없는 나의 전신은 어느 대문을 열고 들어갈 곳이 없었습니다. 서울로 갈까 아니면 대형선망 운반선으로 승선을 할까 아니면 공무원 시험에 또 한 번 도전해 볼까 고민했습니다. 그러나 공무원 시험은 때가 너무 늦었다는 것을 알았습니다.

나는 가정환경으로 많이 배우지 못한 한을 남겼어도 후회해보지 않았으며, 부끄러운 환경의 내 자신이었지만 몇 십 년을 동네 이장으로 충성하고 돈 벌지 못한 아버지를 원망하지 않았습니다. 그 시절 나는 주어진 환경을 저 넓은 공간의 구름에다 실었고 미래의 삶을 지게에 지고 나의 정신으로 의지하며 세상을 향하여 걸어가기로 했습니다.

중, 고 강의록 독학이라도 부지런히 한 것이 나의 밑천의 전부이지만 나는 절대로 부끄러워하거나 자신감을 잃지 않았습니다. 초등학교도 나오지 않은 무학자로 대통령이 된 에이브람 링컨 미국 전 대통령은 남북전쟁을 승리로 이루었으며 그리고 노예를 해방시킨 위대한 분이었고, 소아마비 장애자이면서도 루즈벨트 미국 전 대통령은 위대한 경제 대통령이었고, 초등학교를 졸업 못한 와이트 무-디라는 전도자는 백만 명의 생명을 하나님 앞으로 인도하여 구원시킨 놀라운 역사의 인물이었으며, 아인슈타인과 에디슨은 지진아나 무학자로 최고의 과학자와 발명가로 세계에 공헌한 유명한 분들도 있었지 않습니까? 이 뿐만 아니라 많은 독학생들이 많이 배운 사람들을 다스리고 있는 분들이 얼마나 많이 있었습니까. 이런 역사의 인물들이 나에게 큰 희망이 되었고 용기를 주었으며, 더욱 의욕을 갖고 살아갈 수 있도록 은혜로 인도하신 하나님께서 뜨거운 열정과 힘을 주셨다고 생각합니다.

그래서 나는 많은 생각 끝에 서울 길을 택했습니다. '서울로 가자 아무래도 서울로 가면 내가 살아갈 길이 열리지 않겠는가?' 그러면서 월명시를 맞아서 가정으로 귀향한 대형선망 선원들과 같이 그분들이 사 주는 술을 얻어먹고 자존심 내세우면서 종알거리던 그때가 지금 생각하면 참으로 우습고 한심한 일이었습니다. 선박을 간다면 "대형 선망" 어선으로 가야합니다. 이 선단은 연근해 어업으로 최고의 대우로써 생활을 보장받는 직업이었습니다.

그러나 위험한 해상에서 파도와 싸우며 뱃사람이라고 하는 딱지를 붙이고 낙인찍힌 생활로 살아가는 것보다 최고의 문화를 즐기는 대 도시 속에서 수도꼭지로 나오는 물을 받아 마시는 도시의 멋진 미래의 꿈과 욕망을 향해 달려가고픈 생각이 나의 마음을 사로잡았기 때문이었습니다.

군대를 갔다 오고 나이 20대 중반에 있지만 아직 설익은 나였기에 사회에 첫발을 내딛는 중요한 순간이었습니다. 선망선단은 물론이고 모든 선박들은 해난 사고로부터 안전할 수가 없었으며 이것으로 인해 생명의 위험을 당할 수도 있는 무서움이 나를 요지부동으로 만들었습니다.

마음은 공중에 붕 떠서 날마다 공상으로 기와집 몇 채를 지으면서 할일 없는 백수건달의 이름표를 달고 궁상떨며 모종 방에 모여 화투하고 외상술에 취하여 시비 붙어 말싸움이나 하면서 지내보니 이것은 아니었습니다.

나는 내가 6개월 전에 서울로 가기를 계획한 금의환향의 꿈을 이루기 위해 다른 것 생각하지 않고 서울 가기로 결심하였습니다. 허파에 바람이 잔뜩 들어서 오라는 데는 없어도 서울로 가야 하는 마음은 간절했습니다.

그래서 나는 집에서 서울로 간다는 소신을 버리지 않고 부산에서 고생한 경험을 살려서 아무런 계획 없이 간단한 옷가방 하나만 챙겨들고 집을 나섰습니다. 부산역 대합실에 도착하여 저녁에 출발하는 준급행열차에 나의 외로운 마음을 싣고 서울을 향하여 부산 발 서울행 야간 준급행열차는 달려갑니다.

나는 두 번째 서울로 올라가는 길이었습니다. 3년 전에 육군 이등병으로 올라올 때와는 다른 상경길이긴 하지요. 새벽녘에 시골촌놈이 서울역에 도착하였습니다.

서울역 플랫폼 양옆으로 철길들이 쭉쭉 뻗어있는 것을 보니 3년 전 영등포역에서처럼 감회가 새로워졌습니다. 고향을 다녀오는 인파들의 뒤를 따라서 나온 역 광장은 낯익어 보이는 서울역의 분위기였지만 그래도 서먹한 느낌이 드는 것은 어쩔 수 없는 홀로서기의 출발이었기에 당연하였을 것입니다.

날이 밝아오자 많은 사람들이 어디론가 다들 분주히 가고 있었습니다. 서울의 새벽은 역시 바쁜 도시의 새벽이었습니다. 나는 역 광장에서 아직 어두움에 있는 서울의 밤거리를 바라보았습니다.

그 때의 나는 황량한 광야의 한복판에서 방향을 찾고 있었으며 외로움과 불안함을 억누르며 가까스로 마음을 안정시키고 서 있었습니다. 역시 서울은 아름다운 곳이라 여명이 남아있는 새벽이지만 네온불의 깜박이는 황홀함의 새벽이 대 도시의 분위기를 실감케 했습니다.

여관을 택하여 잠을 자고 식당에서 아침 겸 점심밥을 먹은 후 우선 생각한 것이 고향에서 올라오셔서 건축공사를 하고 있는 아는 사람 한 분을 염치불구하고 찾아갔습니다.

거기서 노가다 밥을 먹고 있을 때 가을철쯤 접어들어 서울에서 아는 사람의 소개로 전축, 라디오 판매회사에 취직이 되어 수금원으로 일하게 되었습니다.

그런데 이런 큰 판매회사에 다른 서류는 고사하고라도 재정보증도 없이 이력서 한 장만 달랑 받고 처음 보는 나를 수금원으로 입사를 시켜준다는 것은 불가능한 일이었지만 그 회사 사장님은 기꺼이

나를 받아 준 것입니다. 순진한 시골 촌놈 인상(印象)한 가지만 보고 받아 준다고 했습니다.

첫 인상을 본 사장님은 마음에 흡족했고 나의 신분을 믿었다고 하지 않겠습니까? 이 말은 뒤에 술좌석에서 직접 들은 말이었습니다. 아무튼 나를 받아 준다는 말에 정말 감사했고 열심히 일을 해야 되겠다고 다짐을 했습니다. 당시 나의 영혼은 하나님의 이름을 들어보지도 않았고 예수라는 그 존재를 모르고 있었지만 그래도 나를 사랑하신 하나님은 인내하시며 나에게 이런 은혜를 이루어 주셨음을 믿습니다. 하나님의 역사는 군대생활을 지나면서부터 굽이굽이 마디마디마다 은혜의 자리로 나를 인도하시고 있었습니다.

처음 인수한 수금 구역은 성북구와 동대문구였습니다. 현금이나 다름없는 250장의 수금 카드를 재정보증도 없이 인수 받았습니다. 사무실은 동대문 극장 앞 2층 집이었고 입사한 다음 날부터 성북구 정릉동에서 부터 수금을 시작했습니다.

서울 시내 우리와 같은 판매회사가 종류별로 여러 회사가 있으며 수금원 역시 수십 명이 있었습니다. 나는 열심히 뛰었습니다. 수금 카드도 두 배로 늘어났으며 수금액도 2등하라면 서러울 정도로 회사의 신망이 아주 높았습니다. 성북구 정릉동에서 부터 동대문구 면목동까지 그 엄청난 지역을 하루에 다 돌아다닐 때도 있었습니다.

그래도 서울의 생활은 재미있었고 하루의 일과가 피곤해도 몇 명의 직원들과 판 다리 장단에 막걸리 술잔을 기울이며 곱창안주로 피로를 풀고 흥이 나면 고향생각에 젖어 객지타령으로 밤이 가는 줄도 모르고 마시다가 잠자는 곳으로 갑니다.

사장님의 나에 대한 신임은 대단했습니다. 완전히 자기 사람으로 인정한 것입니다. 한 달 월급은 5만원 그 당시 월급으로서는 많이 받는 월급이었습니다. 잠은 사무실에서 자고 차츰 방을 구하여 나가기로 하였습니다.

객지생활에는 누구나 외로움을 달래며 마음을 터놓고 서로 이야기 할 수 있는 친구가 있듯이 나에게도 윤 치영, 신 진환, 이 재철 세 친구가 있었는데 함께 술도 마시고 타향살이의 외로움을 서로 달래며 지내던 형제와 같은 의리 있는 친구들이었습니다.

그 당시의 서울의 술 문화는 가히 짐작할만합니다. 동그란 연탄 화덕 상에 삥 둘러앉아 마시고 취하면 젓가락 두들기면서 노래 부르며 하루의 피로를 풀었던 서울 서민들의 술 문화였습니다.

여유가 있는 사람들은 단체로 모여 소위 기생집이라고 하여 오십 만원, 백만 원, 이백 만원 단위의 술상을 주문하여 마시고 기생이 장고 치고 춤추고 하면서 즐기던 이런 문화였습니다. 우리도 자주는 못 가지만 회사 건너편 창신동에 있었던 기생집으로 십여 명이 가서 중간 상 하나를 먹곤 했는데 돈이 있으면 왜 기생집을 마다하겠습니까? 소금이 짠 줄 모르는 곳이 기생집이라는 옛말이 실감이 났습니다.

회사 사무실에서 생활을 하다가 교문리 쪽에 방을 얻었습니다. 선술집에서 기분 좋을 정도로 거나하게 마시고 종로 5가에서 교문리행 마지막 버스를 타고 뒷좌석에 앉아서 고래고래 소리를 지르며 술집에서 다하지 못한 흥타령을 부르다 보면 손님들은 듣기 싫어도 어찌할 도리가 없었고 차장 아가씨는 빙그레 웃으면서 기분이 좋은 모양이었습니다.

이런 일이 하루 이틀이 아니고 매일 연속적으로 이루어지고 있었으니 육신은 나도 모르는 사이에 조금씩 병들어 가고 있었습니다. 그러나 이 술은 독신생활의 유일한 단점이자 외로움을 풀 수 있는 장점이기도 했습니다. 타향살이의 유일한 벗은 술 이상 더 좋은 것은 없었습니다.

서울은 아름답지만 또한 냉정한 곳이었습니다. 그러나 사람의 정은 또한 있습니다. 모든 것이 자기 처신에 달려있음을 알 수 있었습니다. 객지생활에서는 술은 절대로 절제해야 합니다. 술은 자기의 영혼을 타락시키고 자기 육신을 병들게 한다는 것을 나는 이 간증을 통해서 말하고 싶습니다.

'술은 마귀가 사용하는 최고의 무기'라고 했는데 이런 귀한 말을 한 번만이라도 들어보았더라면……, 또 성경에 '술에 인박히지 말라'하지 않았는가.

이제 주의 손을 펴서 그의 뼈와 살을 치소서 그리하시면 정녕 대면하여 주를 욕 하리이다. 여호와께서 사단에게 이르시되 내가 그를 네 손에 붙이노라 오직 그의 생명은 해하지 말지니라(욥 2: 5-6)

세상을 교만하게 살아가는 이 미련한 자를 하나님은 또 깨닫기를 원하였으나 내 영혼은 엄청난 수렁 속에서 헤매고 있었고 이 끝이 어디까지가 될 것인지 생각조차도 해 보지 않은 생활이었습니다.

고향을 떠나 내 심장이 요동하는 생활의 현실에서 타향(他鄕)인 서울에서 젊음의 긍지를 잃지 않고 미래를 향해 꿋꿋이 섰으나 내 뜻대로 되지 않았습니다.

이런 생활 속에서 쌀쌀한 서울의 겨울은 내리는 서리(暑痢)와 함께 깊어갈 때 앞을 분간치 못할 어두운 그림자가 나의 영육을 덮어오고 있었습니다. 1970년 12월 초 두렵고 무서운 고난의 그림자가 나에게 닥쳐오고 있었습니다. 순간 잠시 아팠다가 치료가 될 것이라 아무렇지 않게 생각했는데 그것이 아니었습니다.

나의 어두운 앞날이 나를 인도하기 위한 하나님의 시험이 시작되었음을 구원받은 후에야 알 수 있었습니다. 이 날 하루의 시작도 상쾌한 기분으로 회사에 출근하여 판매원들이 넘겨주는 카드를 접수하여 약도를 확인하고 수금현장으로 나가는 길이었습니다. 갑자기 무릎 위가 아프기 시작했습니다. 조금 있으니 무릎 위에서부터 통증이 오면서 점점 위로 올라오더니 엉덩이 대퇴부에 자리를 잡기 시작하면서 통증과 함께 엉덩이가 뻣뻣하여지면서 다리 쪽으로 칼로 도려내는 것 같이 엄청난 고통으로 아프기 시작했습니다.

도저히 몸을 움직일 수가 없었으며 꼼짝하지 못하고 무슨 병인지도 모르는 나는 자리에 그만 눕고 말았습니다. 이렇게 아픈 것은 내가 태어나서 처음이었습니다. 일어나지도 못하겠고 몸을 마음대로 가눌 수도 없었습니다. 이렇게 아픈 고통을 하소연 하고 있으니 옆에 있던 직원이 신경통이라고 합니다.

'신경통이 어떤 병인고!'

신경통이 뭐냐고 반문을 할 정도로 나는 신경통이라는 병명에 대해서는 무지했습니다. 동료직원이 약국(藥局)에 가면 오이씨 약이 있으니 그 약을 사서 먹으라는 것이었습니다. 겨우 몸을 일으켜 허리를 구부려 절면서 약국에 가서 아픈 증세를 이야기하고 오이씨 약이 있느냐고 물었더니 약국의 약사는 두 말 하지 않고 조그만 병 한 개를 나에게 건네주었습니다.

약사가 건네주는 약병을 받아 병 안에 들어있는 하얀색의 약을 손바닥에 부어 보았더니 진짜 오이씨 같은 약이 20알이 들어있었습니다(약명은 루비코트정제). 그래서 이 약을 오이씨 약이라고 하는 것이었습니다. 이 오이씨 약 두 알을 먹고 2시간 정도의 시간이 지나자 그렇게 아팠던 다리와 조여 오던 몸이 거짓말 같이 멀쩡해졌습니다.

'야! 이런 약이 있었구나. 참 좋은 약이구나.' 하고 기분 좋게 수금에 들어갔습니다. 그런데 그것이 회복된 것이 아니었습니다. 약 3시간 정도 수금을 하면서 시간이 지나갔습니다. 몸이 다시 아프기 시작하는데… 이 아픔의 고통은 말로서 표현 할 수가 없을 정도로 처음보다 더 아프기 시작했습니다. 정말 기분 나쁘게 고통스러웠습니다.

그러나 이 오이씨 약을 계속 먹으면 회복될 것이라고 믿고 병원으로 갈 생각은 하지 않았습니다. 그 때 병원에 갔어도 의원 정도의 병원으로 갔을 뿐이었기에 크게 도움이 되지 않았을 것이라고 생각하고 있습니다.

이 오이씨 약에 의존하여 진통을 시키고 순간순간 아픔을 참으며 회복될 것이라고만 대수롭지 않게 생각한 것이 오랜 세월 동안 엄청난 고통과 처참한 내 인생 길로 걸어가고 있음을 감히 짐작하지 못하였습니다.

수금을 하면서 판매업 사업의 모든 것을 배우고 수요자 확보며 나의 사업계획의 청사진을 만들어 준비하고 있었습니다. 돈을 좀 벌고 시간이 가면 이 사업을 꼭 할 것이라고 마음속 깊이 꿈을 키우며 준비하고 있던 중이었습니다.

그러나 아픔의 고통은 날이 갈수록 나의 몸을 조여 왔습니다. 그럴수록 신경통이 이렇게 무서운 병이라는 것과 이 병이 또한 쉽게 나을 수 있는 병이 아니었다는 것을 알았습니다.

어느 부위에 큰 종기가 나서 고름이 들어 수술할 수 있는 병도 아니고, 뼈가 부러져 기브스를 할 것도 아니었고, 창자에 이상이 생겨서 도려낼 수 있는 병도 아니었습니다. 치료의 목적이 뚜렷이 나타나서 그 쪽으로 치료의 모든 것을 다 했을 때 회복되어 기쁨을 맛보는 그런 병도 아니었습니다.

내가 앓고 있는 이 병은 무섭고 악질적이고 고질적인 종양이었습니다. 나의 육신을 완전히 파멸과 고통 속으로 빠져들게 했던 척추 종양은 신경통이라는 이름 아래 자라면서 나의 꿈과 미래의 모든 계획과 평안을 완전히 물거품으로 만들었습니다.

앞만 보고 미래를 향해 달려가는 외로운 나의 몸에서 이런 무서운 종양이 자라고 있다는 사실은 꿈에도 생각지 못했습니다. 오이씨 약으로 그 아픈 고통을 참으며 약물치료에만 안간힘을 쓰고 있었습니다.

독신으로 살아가는 객지생활은 즐거운 생활도 많이 있었지만 외롭고 어려운 일도 많이 있었습니다. 무엇보다 천금 같은 자기 몸을 함부로 다스리는 것이 얼마나 무서운 결과를 초래한다는 것은 당해봐야 알 수 있습니다.

나는 이 오이씨 약을 매일 하루에 6알을 먹으면서 통증을 호소하고 있었습니다. '루비코트정' 이 약은 너무나 독하여 장기적으로 복용하면 몸에 부작용이 생길 수 있어 기술적으로 먹어야 한다고 했습니다. 그래도 빨리 진통이 되고 먹기 간편한 것이 오이씨 약이었습니다. 이 오이씨를 먹으면 그렇게 아팠던 것을 진통시켰고 약 기운이 없어질 때는 또 다시 통증과 아픔으로 식은땀을 흘렸습니다.

아픈 다리의 통증을 하소연하면서 사당동에서 흑석동으로 방을 옮기는 날에 황당한 일이 나의 연약한 육신에서 일어나고 있었습니다. 무슨 이런 일이 있겠습니까? 장질부사인 '이질'이 걸려서 나를 망신창이로 만들었습니다.

신은 나에게 서울 생활의 한계를 주고 있었는지 나는 알 수 없는 암흑 속으로 빠져 들고 있었습니다. 화장실을 안방 드나들 듯이 들락거렸고 얼마나 화장실을 자주 갔던지 화장실 문턱에 불이 날 정도였습니다. 이쯤 되었으니 항문이 헐어 형편없이 망가졌으며 휴지도 사용하지 못할 정도였습니다.

그러니 내 몸에는 힘이라고는 없었고, 누웠다 일어설라치면 머리가 아프고 어지러워 눈앞에는 수십 개의 별이 반짝이고 몸체는 흔들흔들 태풍에 사시나무 흔들거리듯 하여 걷지를 못하였습니다. 그리고는 다시 주저 앉아버리고 얼마나 설사(泄瀉)를 많이 했으면 이제는 맹물만이 나왔습니다. 눈은 쑥 들어가서 반은 해골상태로 몰골이 말이 아니었습니다.

약국에서 약을 사 먹어봐도 회복 되지 않았습니다. 죽을 힘을 다해 4일 동안을 고생하며 약을 복용했더니 그 무섭게 쏟아지던 설사가 간신히 진정이 되었습니다.

무덥던 서울에서의 한여름의 7월을 설사병으로 전쟁을 치르고 겨우 정신을 차리기도 전에 설상가상으로 또 찾아온 병이 구미(口味)가 떨어지는 병이었습니다. 밥을 보기가 싫어졌습니다. 아무 것도 먹기 싫었고, 밥알 한 알을 입에 넣기가 싫었으며 겨우 찬물만 먹을 수밖에 없었습니다. 형용할 수 없는 나의 영육(肉)을 비참하게 만들어 가고 있었습니다.

이런 와중에도 오이씨 약은 계속 먹고 있었으니 술에 찌들고 약에 찌들고 설사에 궁상(窮相)에 찌들어 내 몸속에는 나를 지탱해 나가기 위해 축척된 영양소는 한 방울도 없는 것 같았습니다. 빈껍데기에 뼈만 앙상하게 지탱하고 있었습니다. 그러니까 오장 육부에는 근육이라는 것은 보이지 않았고 엷은 핏줄 속에 피만 흐르고 있었습니다.

열흘 동안이나 쌀 한 톨 입에 넣지 못 했습니다. 그러니까 죽음이 임박해 있는 산송장이 되어 외롭고 쓸쓸히 타관 객지에서 달음질치는 구름을 따라 운명의 날을 맞이하는 나를 발견하고 있었습니다.

방구석에 외로이 내팽개쳐져 홀로 누워 고통을 호소하고 있을 때는 정말로 쓸쓸하고 비참했습니다. 여름의 무더운 날씨와 불쾌지수는 더욱 내 영혼을 무서운 수렁 속으로 몰아가고 있었습니다. 이런 질고 속에서도 다리와 허리라도 아프지 않았다면 얼마나 좋았으랴.

30대의 젊은 청춘 내 인생이 서울의 어느 셋방에서 죽음의 기로에 있을 때 한 젊은 인생을 불쌍히 여기고 있던 이 재철 친구의 부인이 입맛이 없어 밥 한 숟가락 먹지 못하고 있는 나에게 김밥을 말아 오셨습니다. 너무나 고마워서 말아온 김밥을 먹어야 되겠는데 도저히 먹을 수가 없었습니다.

내가 서울에 와서 처음으로 눈시울을 적시며 내 자신을 돌아보고 너무나 비참하여 서러움이 북받쳐 울었습니다. 그래도 마음 한 구석에는 절대로 죽지 않을 것이라는 굳은 의지와 정신만은 꿈틀거리고 있었습니다.

측은하고 빛바랜 몰골로 늘어져 누워 있는 나의 몸에 또 감당하기 어려운 일이 발생하고 있었습니다. 무엇이 잘못되어 이런 변고가 또 일어나고 있습니까? 갑자기 머리가 빠지는 탈모 현상이 생겼습니다. 자고나면 베개 밑에 머리가 빠져서 수북하고 머리를 감으면 한 주먹씩 머리가 빠집니다.

아직도 내 인생길에 또 다른 죽음의 그림자가 남아 있었는가요? 떨어질 대로 떨어져 늪 같은 나락(那落)속으로 자꾸만 빠져 들어가고 있었습니다. 나의 영혼은 뒤돌아 올 수 없는 수 천길 절벽 밑으로 떨어지고 있었습니다. 해골의 바가지를 덮어쓰고 절망과 죽음의 늪 속으로 자꾸만 빠져 들어가고 있는 것을 느끼고 있었습니다.

'서울! 아 … 이 아름다운 서울, 네온불이 반짝이는 찬란한 밤의 서울에서 내가 죽음의 사자를 맞이해야 되는 것인가? 아니다. 나는 절대로 죽어서는 안 된다. 죽지 않을 것이다.'

삼복더위로 내리쬐는 무더운 여름날의 방구석에서 밀려오는 불안으로 세상의 삭막함을 맛보며 눈을 감고 죽지 않는다는 의지(意志)로 정신을 차려가며 힘없는 육신을 지탱하고 있었습니다. 이렇게 내 영육이 험난한 폭풍속의 무서운 파도에 밀려 침몰 직전에 있을 때 하나님을 영접하여 예수 그리스도를 믿었더라면 하나님 옷자락 부여잡고 기도로 간구하며 은혜를 구하였을 것인데 지금 생각하면 너무도 안타까울 뿐이었습니다.

내가 이렇게 죽음의 문턱에서 헤매고 있을 때 나와는 아무런 의논도 하지 않고 회사에서 몰래 우리 집으로 전보를 쳤다고 합니다.

'현배 위독'

그 소식에 우리 집안은 아마 초상집이 되었을 것이 불을 보듯 뻔한 일이었습니다.

서울에 올라 온지 4년이 되도록 부모님은 물론 형제들에게도 연락 한 번 하지 않았으며 오로지 자리 잡고 금의환향 하는 것이 나의 꿈이었기에 소식을 끊고 지내왔는데 위독이라는 비보를 보냈으니 꼴이 말이 아니고 부끄럽기가 어찌 말로 다하였겠습니까? 괴로운 마음으로 방구석에 누워 악을 품고 있는데 집에서 동생이 갑자기 찾아왔습니다.

반 시체가 된 나의 몰골을 본 동생은 "형님"하고 부르더니 할 말을 잊고 멍하니 쳐다보고만 있었습니다. 동생의 얼굴을 바라본 나의 입에서는 무슨 말이 나오겠습니까? 미안하고 면목이 서지 않아서 얼굴 들기가 민망하였습니다. 미안하고 부끄러워 안절부절 못하고 있는 나에게 동생이 말을 건넸습니다.

"형님 집으로 내려갑시다."

"---·················---"

한참을 나는 말을 잊고 있다가 떨리는 입술로 대답했습니다.

"내가 이 꼴로 어떻게 집으로 내려 가노. 좀 더 생각해 보고 뒤에 내려 갈 테니 동생 너 먼저 내려가거라."(그 때 죽음의 사자가 나의 주위를 맴돌고 있었지만 염치는 있었던 모양입니다.)

동생은 더 이상 조르지 않고 약국에라도 가자며 나를 일으켜 내가 있는 집에서 조금 떨어진 한약방에서 한약 5첩을 지어주고 내려 갔습니다. 동생이 떠난 후 약탕기에 물을 붓고 약을 넣을 때 떨리는 손을 보며 흐르는 눈물을 감당하기 어려웠습니다.

약 달이는 내 모습이 얼마나 처량하게 보였는지 주위에 세를 사는 사람들이 측은한 시선으로 바라봅니다. 동생을 생각하며 이 약을 정성껏 달여 먹었습니다. 놀랍게도 이 한약을 달여 먹은 후로는 설사병도 입맛도 회복되기 시작하였습니다. 입에 밥알이 들어가니 몸에 생기가 나기 시작하였고 힘이 생기는 것 같았습니다. 죽음의 사자가 신의 명령으로 나의 곁을 떠나간 것일까?

그러나 다리는 아무리 오이씨를 먹어도 회복될 기미를 보이지 않았습니다. 그동안 먹지 못했던 밥을 먹으니 살 것만 같았습니다. 그 무더웠던 여름철에 많은 시련과 고통과 먹구름의 소용돌이를 지나면서 내 인생은 아무런 목적도 없이 오리무중에 빠져 흘러가는 일엽편주가 되었습니다. 언젠가는 삶이 즐거웠다고 할 때가 있을 것인가?

　내 영육은 병마와 싸우며 어두운 암흑 속에서 갈피를 잡지 못할 때 계절은 벌써 가을을 맞으면서 추석 명절이 다가왔습니다. 온전치 못한 몸으로 고향집에 내려가야 할 내 신세가 참 불쌍했습니다. 금의환향의 꿈을 싣고 서울로 올라간 세월이 4년이 다 되어 가는데 모처럼 추석을 맞아 병든 몸을 이끌고 내키지 않는 발걸음으로 내려와야 했습니다. 금의환향은 못 되더라도 건강이라도 좋으면 할 말이라도 있었을 것입니다.

　반가워야 할 자식이 집에 왔는데 반가운 것은 그 다음이고 걱정스런 얼굴로 쳐다보는 부모님이 안쓰러웠고 그런 부모님을 바라보며 지난 일들이 부끄러워 눈가에 눈물이 맺혔습니다. 부모님과 형제들에게 정말로 입이 열 개라도 할 말이 없었으며 마을 분들을 보기도 민망했습니다. 주위의 동네 사람들을 만나기가 싫었습니다.

　그래서 나는 두문불출(杜門不出)하고 방안에만 들어 누워 있었습니다. 그리고 나의 심령 속 하얀 도화지 위에 삶의 미래와 서울의 그림을 다시 그려보았습니다. 그렇지만 무엇보다 건강이 회복되어야 했고 아쉬움과 안타까움의 심정이 말로 표현할 수 없을 정도였습니다.

　머리가 얼마나 빠졌던지 머리 밑이 훤하게 비치는 모양을 보니 황당하기 그지없었습니다. 다리는 여전히 아리고 쑤시고 당기면서 아픈 증세(症勢)가 회복은커녕 오히려 더욱 심하게 조여 오는 것이었습니다. 병원으로 가서 약을 처방 받아 먹어도 약발은 진통제 역할 뿐이었습니다.

날마다 이 아픈 통증의 고통은 얼마나 심하게 조여 오는지 앉아서 밥을 먹지도 못하고 가슴에 베개를 받쳐놓고 엎드려서 밥을 먹어야 했습니다. 이런 아픔과 고통을 참기 어려워 벽을 보고 누워서 나를 살려 달라 호소하며 날마다 눈물로 밤을 지새웠습니다.

우리 어머니는 자식을 살리기 위해 산과 들에서 풀뿌리며 약초 나무를 구해다가 큰 솥에 삶아서 그 물을 먹게 하셨습니다. 먹기 싫도록 해서 먹었습니다. 여름에는 냉장고라는 것이 없었기 때문에 이 약물 관리가 무척 어려워 개울물에다 약병을 담가두고 먹었습니다. 낮에는 어머니를 비롯하여 식구들이 밭으로 논으로 일을 나가고 나 혼자 집을 지키고 있어야 했습니다.

나무 삶은 물을 먹을 때가 되면 고통 때문에 걸어가지 못하고 개울가까지 기어가서 마셨습니다. 그러다 서러움에 북받쳐 울고 내 인생이 불쌍해서 울고 내 인생의 허무한 앞길을 바라보면서도 울고 어인 놈의 눈물은 그렇게도 많았던가요.

'조상님, 부처님 나 좀 살려주시오. 제발 좀 살려주시오.' 라고 어리석은 주문을 해 본 것도 한 두 번이 아니었습니다.

뙤약볕이 이글거리던 한 여름날이었습니다. 식구들 모두는 논밭으로 일 나가고 아무도 없는 방안에서 희망 없는 하루하루를 보내며 있을 때 여름의 태양열은 나의 쇠약한 몸을 휘감아 쪄오고 불쾌지수는 연약한 숨통을 조여 오는 것 같은 갑갑함과 아픔의 고통은 더욱 내 영육을 더 이상 살아갈 용기를 잃게 만들었습니다.

죽기를 각오하고 앞뒤 생각할 여지도 없이 마루 위 선반에 놓여 있었던 쥐약을 꺼내 손에 들고 왼 손으로 병뚜껑을 열려는 찰라 냉소적이고 차가운 음성이 들리는 것 같았습니다.

"죽으면 되나!" 순간 약병을 땅에 던져버렸습니다. 그러니 죽는 것도 마음대로 되지 않았습니다.

우리 어머님의 헌신적인 수고의 노력은 눈물겨웠습니다. 소머리를 구하여 곰탕을 해 주었으며, 고양이가 좋다는 말을 듣고는 고양이탕도 참 많이 해 주셨습니다. 그 당시에는 고양이가 귀했기 때문에 우리 어머님은 어쩌다 고양이 한 마리를 구하면 뼈까지 절구에 빻고 체에다 내려 먹도록 해 주셨습니다.

자식을 살리기 위해 헌신적으로 사랑과 수고를 아끼지 않았던 우리 어머님께 나는 정말로 갚지 못할 은혜를 입었지만 가난 때문에 임종을 바라본 어머니께 마지막 가슴 아픈 불효의 죄를 남겼습니다.

어머니의 정성으로 하루하루의 지루한 날은 지나 그 아픔도 약간의 회복의 기미가 보일 듯 말 듯 할 때쯤 되었습니다. 그 때에 신경통 치료제가 있다는 희소식을 나에게 전하는 사람이 있었습니다. 그 약은 일본에서 건너온 것이라고 합니다. 허리와 다리가 회복 된다는데 무엇을 주저하겠습니까?

그래서 수소문 끝에 10병에 3000원 하는 주사약을 샀습니다. 무척 부담되는 약값이었습니다. 아무튼 나는 그 주사약을 구세주라 생각하고 부지런히 주사를 맞았습니다. 그런데 주사를 아홉 번까지 맞아 보아도 아무런 효과가 없었습니다. 실망과 근심에 쌓여 마지막 열 번째를 다 맞았습니다. 그 후에 기적이 일어난 것입니다. 이렇게 좋을 수가 또 있겠습니까?

언제 내가 이 엉덩이며 다리가 아팠는지 나를 의심할 정도로 몸이 이렇게 가벼울 수가 없었습니다. 내 몸 전체가 공중을 향해 날아가는 것처럼 가벼웠습니다. 그렇게 무겁고 조이고 아프고 숨쉬기조차 어려웠고 불쾌하게 느껴지던 내 몸이 이제는 희망의 나래를 펼치고 비둘기 같이 하늘로 향해 날아가고 있는 것이었습니다.

그럴 때 '그대의 몸이 회복이 되었는가. 얼마나 기쁘고 반가운가.' 누군가 이런 소리로 말하는 것 같이 나의 귓전에 바람처럼 스치고 지나갔습니다. 그 후로 차츰 마음의 안정을 찾아가고 있었고 지난 시련과 좌절 앞에서 주저앉아 있을 수가 없었습니다. 몸이 회복된 나는 마음에 간직한 꿈을 이루기 위해 다시 서울로 달려갈 생각에 잠겨 있었습니다.

그렇게도 모질게 나의 영육을 옭아매 나락으로 떨어뜨렸던 신경통이란 병이 떨어져 나간 후 나의 몸은 회복의 기쁨으로 벅찬 감격으로 넘치고 있었습니다. 어찌 말을 다할 수 있었겠습니까? 정말 기쁘고 감사했습니다. 그러나 이 감사함을 어리석게도 조상님들의 은덕으로 우상들의 고마움으로 생각하고 기뻐했으니 얼마나 불쌍한 영혼이었습니까.

이 미련하고 무지한 나는 하나님의 보살핌의 은혜를 깨닫지를 못하였습니다.

5. 깨어져 내린 북두칠성의 꿈

몸이 회복되고 심장이 요동하는 나의 앞길이 이제는 걱정이 되어 왔습니다. 내가 지금 어디서 무엇을 하고 있습니까?

그동안 삶의 길목에서 가난의 길을 벗어나지 못하였고 미래의 삶의 걱정은 물론 안타까울 정도로 딱한 환경의 지배를 받아야 했습니다. 이제 모든 일들을 다시 처음부터 시작해야 했습니다. 지금은 가정을 꾸려야 될 나이로 그동안 보잘것없었던 육신을 끌어안고 달음질쳐 온 세월도 벌써 30년이 되었다는 것을 알았습니다.

이 땅에 태어나서 30년이 될 동안 나는 어디서 무엇을 했을까? 아무 것도 준비해 놓은 것 없는 빈털터리인데다 남아있는 것은 병들어 보잘 것 없었던 육신 메마른 가슴에 찬 서리 내리는 몸둥아리 뿐이었습니다.

갈바람에 날리는 갈대 같은 나의 영육이었지만 미래의 꿈도 있었고 용기만은 버리지 않았기에 한 가닥 희망과 열정의 그 무엇이 나를 붙들고 있었습니다. 이제는 나에게 무엇보다 녹수청산에 꿈을 심는 가정이 있어야 되고 사랑채 온돌방이 그리운 시기였습니다. 삼라만상에 초로와 같은 인생이지만 이렇게 결혼문제를 놓고 걱정하니 씁쓰레한 심정은 태산이고 길이 보이지 않았습니다.

그 시대의 남자 나이 30이면 결혼정년기가 훌쩍 넘어선 셈이지만 병마와 싸우느라 몸이 회복되기만을 기다렸지 결혼문제는 까마득한 남의 일이었습니다. 결혼은 해야겠지만 무엇으로 결혼이라는 것을 하겠는가 말입니다. 결혼이야말로 내 인생에 제일 중요한 경사임에는 틀림없지만 나의 머리에는 초점이 맞춰지지를 않았습니다.

결혼정년기가 된 아들이긴 하나 당장 결혼할 형편이 아닌 아들을 보시는 부모님의 마음은 얼마나 아팠겠습니까? 모아 놓은 돈도 없거니와 병든 몸으로 고생한 육신이 아닌가 말입니다. 영육이 메마르고 보잘 것 없었던 시골의 노총각한테 어느 처녀가 시집을 오겠습니까? 또한 돈 한 푼 없는 빈털터리가 무엇을 가지고 결혼을 합니까?

그러나 내 속에 도사리고 있는 엷은 자존심과 살아간다는 용기만은 절대로 굽히지 않았습니다. 무슨 일이 있어도 나는 결혼을 할 것이고 나약한 모습과 비굴하게 아부하는 짓은 하지 않을 것이라고 마음으로 다짐을 하였습니다. 그리고 꼭 일어설 것이라고 굳게 결심을 하였습니다.

아무 것도 없는 빈털터리지만 용기만은 잃지 말자. 삶이 즐거웠다고 말할 때가 있으리라. 그리고 힘차게 이 세상을 헤쳐 나가자. 이렇게 마음으로 다짐한 말이 나의 밑천의 전부였습니다.

세상보기가 부끄러웠지만 조급한 마음에 결혼을 하겠다는 말을 주위 사람들한테 흘렸습니다. 그렇게 말을 흘린 며칠 후에 맞선을 보자는 상대가 나타났습니다. 내 인생이 아직 사람의 온기가 남아 있었던 것인가?

솔직히 선을 보러 오라는 처녀가 있다는 말에 정말 놀랐습니다. 그리고 무척 기뻤고 결혼을 해도 되겠다는 용기를 가지게 되었습니다. 나에게는 정말 생각하기 어려운 일들이 일어나고 있었습니다. 이런 순간에도 우상에게 의지하던 나의 영혼이었지만 하나님의 역사는 나에게 용기를 주셨고 당신의 계획의 역사를 이루어 나가시고 계셨다는 것을 지금은 믿고 확신하고 있음을 간증합니다.

그 때의 나의 환경을 뒤돌아 보건데 하나님의 은혜의 역사가 아니고서는 결혼은 정말로 생각하기 어려웠습니다. 결혼을 한다고 마음먹고 있으니 정말로 설레고 기분이 좋았습니다. 이유 없이 마음이 기쁜 것은 처녀 총각이면 다 그 기쁨을 맛보는 것일 거라고 생각합니다. 또 맞선을 보라는 이웃집 아주머니의 중매도 있었습니다.

지금은 내 비록 빠듯하게 내밀 것 없지만 내 평생을 같이 살아야 할 반려자인데 아무나 맞이할 수는 없었습니다. 지금도 웃음이 나오지만 그 때의 내 형편에는 뿌리칠 처지도 마다할 처지도 안 되는 주제에 퇴짜를 놓아버렸습니다.

내가 좋으면 저쪽에서 싫고 내가 싫으면 저쪽에서 좋고 이러는 중에 사촌 누님이 또 선을 보라는 것입니다. 가타부타하지 않고 집으로 돌아왔는데 피곤하여 잠시 팔을 세우고 잠이 들었었습니다.

세상에 이런 일이 또 있을까요? 흘러가는 꿈속에서 상상하지 못할 사건이 벌어지고 있었습니다. 그날은 유난히도 맑고 청명한 밤하늘이었습니다. 그 맑고 청명한 하늘에 수억 개의 별들이 총총히 반짝이고 있었습니다.

야! 청명한 날씨구나 하고 별들을 보고 있는 순간 갑자기 그 별들 속에서 북두칠성이 밝게 나타났습니다. 그런데 갑자기 나타났던 북두칠성이 머리부터 시작하여 산산조각으로 깨어지는 것이 아니겠습니까. 그리고 깨어진 별들은 우리 마을 위 왜 바위산으로 은하수처럼 반짝이며 쏟아져 내려 흩어져 버리는 것이었습니다.

'아니 무슨 이런 일이 다 있어'하고 깜짝 놀라 깨어보니 꿈이었습니다. 꿈을 깨고 나니 너무나 허전하고 서운했습니다. 그리고 불안했습니다. 또 무슨 악재(惡材)가 이 복 없는 자의 실낱같은 생명을 빼앗아 가려고 나의 주위를 맴돌고 있는 것일까? 섬뜩한 생각이 들었습니다.

곧 바로 꿈을 깨고 일어나서 여러 가지 생각을 곰곰이 해 보았습니다. '아니다 이 꿈은 흉몽이다. 절대로 좋은 꿈은 아니다' 나는 어른들께 꿈 이야기를 해 주었습니다.

어른들께서도 사촌 누님이 소개한 처녀와는 결혼을 할 수 없다고 하는 것이었습니다. 그래서 다른 곳에 맞선을 본다는 연락을 하고는 사촌 누님이 소개한 그 처녀는 포기를 하였습니다.

이 꿈을 어찌 흉몽이라고만 생각하겠습니까?

하나님께서는 나를 불쌍히 여기시고 깨어져 쏟아진 북두칠성을 보이게 함으로 인해 비운의 운명을 막아주셨고 자기 백성을 삼으시기 위한 은혜였음을 확신하며 간증합니다.

만약에 내가 그 처자와 결혼을 했더라면 아마도 무서운 일들이 나의 앞에 일어났을 것이라고 지금도 나는 그렇게 생각하고 있습니다.

이런 꿈을 꾸었던 일이 있었던 며칠 후 우연히 고모님 댁에 들렀습니다. 고모님의 중매로 인해 한 처녀와 맞선을 보게 되었는데 그 처녀가 바로 아내 박 창순 집사입니다.

하나님은 일곱 번째로 선을 본 박 창순 집사를 나의 배필로 인정해 주셨습니다. 우리는 맞선을 본 후 한 달 만에 날을 정하여 결혼식을 올렸습니다. 정말 번갯불에 콩 구워 먹듯 연애를 하였어도 이렇게 빨리 결혼식을 올리지는 안 했을 것입니다. 이 날은 1972년 음력으로 12월 29일이었습니다.

결혼식장을 다른 사람들에게 공개하기가 뭣해서 적을까 말까 하다가 적습니다만 읍내에 나가면 작은 규모의 사진관을 이용한 예식장은 있었으나 내 처지가 예식장을 갈 수 없었기 때문에 장모님의(약혼기념) 단골 암자인 절을 예식장으로 택하였습니다.

약혼기념

부처님이 내려다보고 있는 법당에서 양가 친척들만 모여서 스님의 주례로 식을 올렸습니다. 초라한 내 모습을 그 때에 다시 발견하고 서러움이 북받쳐오면서 눈물이 나오는데 그 눈물을 참느라고 얼마나 이빨을 깨물었는지 모릅니다.

나는 노총각이란 이름을 면하고 회복된 몸이었지만 약 한 첩 먹을 처지도 되지 않고 해서 곧바로 서울로 올라가기로 하였습니다. 돈 없고 가난한 내가 부모 형제들의 이름을 빌려 결혼식이라는 것을 올린 것만 해도 감사했습니다.

한 가지도 온전한 것이 없는 나에게 천금 같은 셋째 딸을 시집보낸 장인 장모님과 많은 처갓집 형제들한테 미안함과 부끄러운 말을 무엇으로 대신하겠습니까? 나의 형편에 마음을 열어 주어서 고맙고 감사하게 생각했음을 진정으로 전하고 싶었습니다.

서울로 올라간 우리는 친구들이 살고 있는 면목동 중량천 뚝 근처에 방을 얻어 신방을 차리고 회사로 나갔습니다.

나의 날이 체부보다 빠르니 달려가므로 복을 볼 수 없구나(욥 9:25)

신혼생활의 시작은 보잘 것 없었던 부끄러운 월 셋방이었지만 그래도 희망과 미래의 꿈을 간직 한 채 인생의 보금자리를 만들었습니다. 나의 신혼생활은 말할 수 없는 연약한 삶이었지만 포부와 기대는 컸습니다.

그런데! 그런데! 운명의 장난은 나의 등 뒤에서 또 다시 요동을 치기 시작했고 사단의 시험은 내 가정(家庭)을 평안의 삶으로 두지

않았으며 암담한 고난과 고통의 골짜기로 밀어 넣고 있었습니다. 결혼하여 서울로 올라와서 신혼생활이라는 이름만 붙인 생활이 약 7-8개월쯤 지나가고 있었습니다.

신명난 흥타령도 잠시였습니다. 나의 몸은 또 다시 그 몸서리치는 아픔과 어둠의 골짜기로 빠져들어 가고 있는 것이었습니다. 다리가 당기면서 아프기 시작하는 것이 예사롭지가 않았습니다. 정말로 억장이 무너지고 어깨가 내려앉는 것 같았고 식은땀은 나의 등을 적시고 있었습니다.

'이 일을 어찌 할꼬!'

이때의 나의 심경은 수십 길 낭떠러지로 떨어지고 밀려오는 불안으로 마음의 근심과 걱정이 나의 심장을 갈기갈기 찢어 놓았습니다.

'이제는 나 혼자가 아니고 두 사람이 아닌가.'

거지같이 신혼생활을 하면서 아내한테 미안하기 짝이 없었는데 몸까지 아프기 시작하니 이 일을 어떻게 하란 말입니까? 몸 둘 바를 모르겠고 아내를 쳐다볼 면목이 없었습니다. 쥐구멍이라도 있으면 들어가고 싶은 마음이었고 하늘을 우러러 산을 향하여 쳐다보아도 입이 다물어지고 열려지지 않았으며 나는 할 말을 잊었습니다.

가로되 주 예수를 믿으라. 그리하면 너와 네 집이 구원을 얻으리라(행 16:31).

또 고통의 전철을 밟아야 되는 것인지 아니면 더 길고 어려운 아픔의 고통을 하소연하면서 위로받을 수 없는 착잡하고 냉철한 세상을 더 살아야 되는 것인지 나의 심장은 가슴을 치고 있었습니다. 우선은 약으로 치료를 할 수 밖에 없었습니다. 그러나 며칠을 사 먹어 보았지만 회복은커녕 더 심해지기만 하는 고통의 아픔이었습 니다.

친구들이 안쓰러워 많은 걱정을 하지만 시간은 먼 허공의 그림자 처럼 지나가고 있었습니다. 그렇게 고통으로 고생하다가 회복 된지 며칠이 되었다고 또다시 세상에서 더러운 팔자가 되었으니 나는 이 세상에서 죽어야 될 운명인가? 정말로 그때의 심정을 어떻게 표현 해야 될지 모르겠습니다.

나는 내 병을 잘 알고 있는 터라 더 이상 서울에서 머물고 있을 수가 없었습니다. 아무래도 시골로 다시 내려가서 치료를 하고 와 야겠다고 생각했습니다. 그래서 아내와 의논을 해야 하겠지만 입술 이 떨어지지 않았습니다. 나는 참 어려운 고심 끝에 무거운 입을 열고 아내한테 사정을 했습니다.

생전 처음으로 아는 사람 하나 없는 서울을 남편 믿고 따라 왔는 데 남편이 아파서 일을 못하니 아내도 동의할 수밖에 없었을 것입 니다. 실망과 근심 걱정을 가슴에 담고 산이 무너지는 한숨만 쉬면 서 어찌할 도리 없이 시골로 내려가기로 결정했습니다.

그 때의 서울은 지하철 1 호선이 개통이 되었고 남대문에서 종로 로 신설동까지 지하철 공사가 한창이었으며 또 신설동에서 마장동 왕십리 쪽으로 지하철공사 준비를 하고 있을 때였습니다. 서울은 하루가 다르게 변하고 있었습니다. 그 발전의 물결과 변화의 소용돌이에 합류하지 못한 채 육신의 병으로 인해 우리 부부는 부산으로 가는 하행선 열차를 타기 위해 서울역 개찰구 앞에 섰습니다.

이때의 내 마음은 무엇으로 표현 할 수 있었겠습니까. 아무런 표현도 할 수 없었습니다. 근심에 쌓인 나의 미관에는 창백함이 역력했고 무표정하게 묵묵히 표를 받아든 내 손은 떨리고 있었습니다. 표를 손에 쥐고 역 대합실에서 바깥을 한 번 둘러보았으나 서울은 점점 내 시야에서 멀어지고 있는 것이었습니다.

이 날은 1973년 10월 25일 꿈을 이루지 못한 아쉬움을 남긴 채 두 번째로 서울에서의 타향살이를 정리하였습니다. 온 몸이 조여오는 나의 육신은 밀려오는 외로움과 쓸쓸함이었습니다. 힘없는 발걸음으로 아내와 함께 부산 행 야간열차의 2등 칸에 앉아 출발을 기다리고 있었습니다.

"서울 발 부산행 발차! ……."하고 안내원의 방송이 객실에 울려 퍼졌습니다. 안내 방송이 끝나자 열차는 스르르 미끄러지면서 철거덕 철거덕 객차의 휠이 레일에 부딪치면서 부산을 향해 앞으로 달려 나가고 있었습니다. 참참한 심정으로 지나가는 서울의 야경을 바라보았습니다. 어두움을 밝히고 있는 전기불과 네온불의 찬란한 서울의 야경은 정말 아름다웠습니다.

아내는 힘없이 옆에 앉아서 지나가는 서울의 야경을 지그시 감은 눈으로 바라보는 것 같았습니다.

지난 5년여 동안의 서울에서 살아왔던 일들이 나의 뇌리에 빠르게 지나가고 있었습니다. 팔도의 모든 사람들이 살기를 원하고 부러워하는 곳이 서울이었습니다. 서울은 역시 사람이 살기 좋은 곳이었습니다.

서울에서 생활하기 위해 청운의 꿈을 안고 달려왔는데 헤매던 바닥에 서 보지도 못하고 육신과 영혼만 병든 채 고향으로 내려가는 심정은 말할 수 없는 비참함과 참담함에, 그 무겁고 시꺼먼 비구름에 깔려 앞뒤가 보이지 않았습니다. 오늘의 이날이 하루빨리 지나갔으면 했었습니다.

그런데 당장 큰일이었습니다. 결혼을 하였기 때문에 부모로부터 분가된 상태에서 막상 시골로 내려왔어도 내가 몸을 치료하면서 거처해야할 집이 없었습니다. 그래서 어쩔 수 없이 아내와 함께 염치 불구하고 부모님이 있는 큰집으로 들어갔습니다.

나는 참고 이해하고 한동안까지는 큰집에 있어도 되겠지만 아내는 아니었습니다. 아직 신혼생활이니 아름다운 삶의 계획을 세우고 재미있게 그 꿈을 키우며 살아가야할 내 아내는 어떻게 합니까. 병든 남편의 시중은 물론 한 번도 해보지 않은 농사일이며 가정 일이며 준비되지 않았던 시집살이를 해야 하는 아내가 안타깝고 측은하고 불쌍했습니다. 그리고 미안했습니다.

불효의 자식을 치료하기 위해 고생하시면서도 새 며느리한테 미안해하고 또 미안해하시는 어머니께도 한없이 죄송했습니다. 이런 마음의 부담을 가지고도 아무 것도 할 수 없는 이 연약한 나는 육신의 고통과 싸워야 했습니다.

아내가 보따리장사 미용기술이 있어서 그나마 필요한 약값은 푼돈이었지만 충당하였습니다. 남편의 병 치료에 팔을 걷어붙이고 수고하며 헌신을 다한 아내한테 감사하고 고맙게 생각함을 여기에 적어 둡니다.

낮에는 답답함을 가눌 길 없어 방안에서 밖으로 기어 나와 따뜻한 햇볕이 쬐이는 앞마루에 누워서 서쪽으로 넘어가는 석양을 향해 바라 볼 때면 내 운명도 저렇게 넘어가는 것이 될 것인가? 하는 생각을 몇 번이고 하곤 했습니다.

진통제를 먹지 않으면 아픔과 고통은 온 사지를 조여 옵니다. 그럴 때에는 숨소리도 크게 내지 못하고 울먹이면서 밤을 지새야했습니다. 쑤시고 아리고 당기고 기침을 한다는 것도 고통이었고 몸을 어디에 부딪치면 숨이 넘어갈 정도로 숨통이 막혀왔습니다. 제일 어려운 것이 화장실 문제였습니다. 온 몸이 조여 오기 때문에 가만히 쪼그리고 앉아 있지를 못하지만 허리를 구부리지도 못하는 처지이고 온 몸의 신경이 압박을 받으니 힘을 줄 수가 없었습니다.

운동 부족인데다 먹는 것이 적으니 변비가 자주 왔습니다. 변비약을 매일 먹어야 되고 항문 관장을 자주하다보니 항문 역시 망가져 정말로 화장실 간다는 것이 죽기보다 어려웠습니다.

참! 서러운 눈물은 자꾸만 나의 볼을 적시고 희망 없는 미래는 어두운 골짜기를 향하여 또 다시 나의 영혼은 빠져들고 있었습니다. 세상이 싫어졌습니다. 정말로 세상이 싫어졌습니다.

나의 영육은 자꾸만 캄캄한 좁은 나락으로 빠져 들어가는 지난 전철을 상기시키고 있었습니다. 그토록 육신을 조여 오고 참기 어려웠던 통증이 일 년을 넘기면서 병은 고개를 숙이기 시작하는 것 같았습니다. 그래도 질긴 것이 사람의 목숨입니까? 죽지 않고 이렇게 살아서 하나님의 은혜의 역사의 증거를 간증으로 쓰게 되니 얼마나 기쁘고 기쁩니까?

아직 몸을 함부로 가눌 만큼 다리가 회복되지 않은 와중에서도 첫 아이인 우리 은주가 1974년 3월에 태어났습니다. 자식 출생의 기쁨도 잠시였고 순산으로 수고한 마누라한테 미안함과 사랑의 위로를 내 마음 속에 간직 하였습니다. 그러나 허리와 다리의 통증이 나을듯하면서 빨리 회복이 되지 않았습니다.

몇 개월을 더 고생하고 나서야 1975년 즈음 그 아픔도 서서히 회복되기 시작하였고 얼마 후에는 나의 몸이 완전히 회복되었음을 확인했습니다. 그동안 치료에 모든 힘을 다 쏟았고 이제는 내가 살아갈 삶의 방향으로 모든 계획을 다시 세워야했습니다. 병든 육신 때문에 속상하고 마누라한테 양심의 가책으로 마음 상하고 주위의 형제들한테 눈치 보다가 속상하여 멍이 든 가슴이었는데 차츰 차츰 세월이 가면서 내 마음의 눈물도 받은 상처도 세월 속에서 아물어가고 마음의 안정을 되찾아갔습니다.

'왜, 내가 서울로……'

왜, 그렇게 가려고 안달을 하였는지 서울이 아니면 살 곳이 없었을까? 공연히 허송세월하고 몸 망가지고 할 말이 없었습니다. 이런 아픔의 시련과 고난을 통해서 깨닫기를 바라셨던 하나님의 뜻이었다고 믿어 의심치 않습니다. 이제 서울에 올라가는 것은 아쉬움이 있지마는 완전히 포기를 하였고 헛된 꿈은 영원한 시련의 추억으로 남겼습니다.

"송충이는 솔잎을 먹어야 산다."는 속담처럼 이제는 솔잎만 먹는 방법으로 내가 있어야 될 곳이 어디라는 것을 나를 주관하시는 하나님께서는 살며시 나에게 알려 주었음을 믿습니다.

앞뒤를 분간치 못하고 사탄의 종노릇으로서 교만에 차고 오만이 만연하여 끝이 보이지 않았던 어리석고 이기주의적인 나의 생활이었으나 나를 영원 전부터 택하여 주관하시는 주님은 이 미련하고 불쌍한 영혼을 겸손의 삶으로 지혜의 삶으로 살기를 바랐음이라 믿습니다.

나의 육신과 영혼을 만신창이로 만들어 가면서까지 겸손히 낮아져서 죄악 속의 세상에서 더 이상 죄악의 삶을 살지 말고 밝은 광명의 빛 영광의 빛을 찾아 걸어가라고 하신 하나님의 섭리였다는 것을 뒤늦게야 깨달았습니다.

어느 누가 뭐라고 해도 태어나면서부터 하나님의 택한 백성이라는 것을 구원받은 후 세월 속에서 확신을 했습니다. 그러했기 때문에 더 늦기 전에 믿음의 삶의 길을 가야했습니다만 하나님의 그 오묘한 비밀을 깨닫지를 못 하였습니다. 그 어두운 터널 안으로 내가 가야할 길이 아닌 줄도 모르고 잘난 채 하면서 세상 속에서 온갖 우상에만 의지하다가 삶의 시련의 고통을 당했으리라.

서울의 생활은 실패로 끝났으니 이제는 저 넓은 바다 위로 가슴을 열고 대양을 향하여 연근해를 누비며 항해하는 마도로스 생활의 삶으로 돌아가자!

지난날에 나는 청운의 꿈을 안고 미래를 열어 가기 위해 양화정에서 부산으로 서울로 돌아다녔을 때 예수님을 믿었더라면 이런 고생을 하지 않았을 것입니다. 하나님의 역사는 믿는 것도 때가 있었음인가요?

그러나 우상에 빠져 내 뜻대로 헤매고 아무 유익도 없는 부산에서 서울을 가기 전에 잠시 생각했던 선망회사의 운반선으로 승선할 기회가 있었으나 포기하고 서울로 간 것은 하나님의 뜻을 버렸다고 지금은 생각합니다.

그 때 이것저것 생각할 여지없이 선망 운반선을 승선하기로 한 것은 하나님의 인도하심이라고 저는 믿습니다.

천하에 범사(凡事)가 기한(期限)이 있고 모든 목적을 이룰 때가 있나니 울 때가 있고 웃을 때가 있으며 슬퍼할 때가 있고 춤출 때가 있으며(전 3:1-3)

하나님의 말씀처럼 이제는 선망회사 운반선으로 가는 것이 때가 있어 아까운 청춘을 고난의 시련 속에서 보낸 육지생활의 아픈 상처를 지워버리고 배 갑판위에 내 인생을 실어보기로 했습니다. 그리고 마도로스로서의 낭만(浪漫)과 아름다운 희망의 때를 향하여 남은 미래를 열어가기로 하였습니다.

마도로스가 되기를 정하였지만 배를 승선하는 것은 쉬운 일이 아니었습니다. 승선할 수 있는 자리보다 승선할 사람이 많았기 때문입니다. 그렇지만 어떤 수단을 쓰더라도 배에 승선을 해야 했기 때문에 다른 사람들의 인맥을 믿고 기다리고 있으면서 바다 사나이의 꿈에 젖어 지냈습니다.

6. 선망(船網)운반선(運般船)

　남해안의 근해 어업으로 최고 수준에 이르는 이 대형 선망 어업은 부산에 선적지를 두고 제주도 연안을 중심으로 남해는 물론 서해남부, 동해남부와 일본 미시마 근해와 대마도 상 하단 공해상으로부터 동진아 해상까지의 방대한 어장으로 형성되어 있었습니다.

　그리고 이 대형 선망 선단의 구성은 본선 한 척과 고기를 집어하는 등선 세 척(지금은 두 척)과 고기를 운반하는 운반선 세 척으로 한 선단을 이루고 있으며, 한 달에 23일간 작업을 하고 보름달을 전(前)후(後)해서 약 7일간을 월명 시(月明 時)라 하여 모든 선단이 휴업(休業)하여 전 선원들은 가정으로 귀가하였다가 다시 조업에 임하는 형태로 근무를 하고 있었습니다.

　아직 인성만성한 몸이지만 혹시 선망 운반선을 승선할 수 있는 기회가 있을까 알아보았지만 그 자리가 쉽지 않았습니다.

　해상 어업의 일자리지만 육상의 보통 일자리보다 수익성이 좋은 곳이기에 사람보다 승선할 자리가 모자랐습니다. 위험한 물 위에서 생명을 담보로 생활해야 하는데도 많은 지원자들이 서로 먼저 승선하기 위하여 경쟁을 벌이고 있었기 때문이었습니다. 나도 그 중 한 사람으로서 선망 운반선 승선을 기다리고 있던 중에 다행히 손윗동서의 도움으로 가고자했던 운반선에 승선을 하게 됩니다.

그 당시에는 대형 선망 운반선에 승선한다는 것은 극히 어려운 일이었고 운반선 하면 선망회사에서도 고급 선원으로 분류하고 있었습니다. 그러다 보니 경쟁자가 많을 수밖에 없었습니다. 그런 어려운 과정에서도 많은 경쟁자를 재치고 승선을 한 것입니다.

직책은 기관조기수로 승선하여 이제부터는 선원법에 의한 당당한 대한민국의 선원이 된 것입니다. 사단의 역사만 최고로 믿고 하나님을 모르는 불쌍한 영혼이었지만 그래도 하나님의 은혜는 나의 길을 열어주고 있었습니다.

운반선은 총 톤 수 약 100톤에 엔진은 가변비취 니가다 350마력의 기관을 운전하는 운반선에 조기수(기관원)의 선원으로 미래를 실었습니다. 기관실은 약 3-4미터의 깊이로 수면 밑에 있었습니다. 선실로 들어가서 침실 배당을 받고 선박 내(內)에의 이곳저곳을 돌아보니 머리가 아프고 어지럽더니 배 멀미가 나기 시작합니다. 걱정이 됩니다.

육지로 내려가서 정신을 좀 차리고 싶었지만 그럴 시간이 없었습니다. 배는 지체할 시간도 없이 현장으로 바쁘게 출항하기 때문이었습니다. 나는 조기장과 한 조가 되어 첫 시간 당직을 배당받고 기관실로 들어갔습니다. 손에 우에스(기름걸레)를 쥐고 기름 묻은 엔진을 닦고 있으니 엔진 소리는 나의 정신을 어지럽히고 파도가 일어나고 있는지 기관실 내에는 배가 앞뒤로 내리박고 좌우로 움직이고 한 곳에 가만히 서 있지를 못할 지경이었습니다. 그러니 배 멀미는 더욱 심하게 납니다.

　기관 소리가 시끄러워서 무엇이 어떻게 돌아가는지 무슨 일을 무엇부터 해야 할지 몰라서 주위를 살피며 멍하니 서 있으려니 멀미는 나에게 너무나 가혹하게 납니다. 육지가 옆에 있으면 당장이라도 뛰어 내리고 싶은 마음이 간절했습니다.

　배 멀미로 인해 기관실 안에서는 도저히 서 있지를 못하겠기에 밖으로 나왔습니다. 찬바람을 쏘이고 하늘을 쳐다보고 있으니 조금 정신이 드는 것 같았습니다. 멀미는 그 순간을 넘기면 괜찮다고 갑판장이 슬슬 웃으며 농담으로 위로의 말을 합니다.

　배는 좀 타박이는 파도를 받으면서 하얀 거품을 배 위에 뿌리고 요란한 기관 소리를 내면서 육지와 섬 사이를 미끄러져 가고 있었습니다. 생전 처음으로 남해의 괴암절벽과 신기한 이름들의 섬들을 구경하면서 시선을 돌려보니 정말로 멋진 공짜 관광이었습니다. 나는 갑판장에게 위치가 어디냐고 물어보았습니다.

　여기 위치는 매물도를 지나 국도와 좌사리 사이를 통과 중이라고 합니다. 해는 서산을 넘어가고 어두움이 밀려오는 저녁 시간쯤 되니 한참 나던 배 멀미가 다행히 가라앉았습니다. 나는 다시 기관실로 들어갔습니다. 시끄러운 기관실 내부를 확인하며 공구함에도 관심을 가지고 둘러보고 있을 때 기관실 출입구를 통해서 조리사가 저녁 식사 시간을 알립니다.

나의 생에 처음으로 바다를 바라보며 저녁노을이 수평선을 물들이는 선상(船上)에서 차려주는 밥을 먹었습니다. 선미에 마련한 식탁에 당직자를 뺀 전 선원들이 모여 저녁 식사를 하고 있으니 나의 마음에 주는 감회는 정말로 새로웠습니다.

멀미를 하고 난 다음이라 그런지 저녁 밥맛이 별로였고 아직도 속이 울렁울렁 하는 것 같았습니다. 침실로 들어가 잠도 청하여 보았습니다. 침실은 개인 침대 식으로 몸은 배가 움직이는 대로 같이 따라 움직이는 편한 잠자리였습니다. 얼마나 잠을 자고 있었을까.

새벽 당직 교대시간을 깨우는 소리에 얼른 일어나 아직 어두움 속에 있는 주위를 바라보았습니다. 하늘에는 별들이 부지런히 반짝이고 있었고 멀리 넓은 바다 위에는 많은 배들의 불이 깜박이고 있었습니다.

기관실로 들어가서 당직을 교대하고 기관 곳곳에 기름을 쳤습니다. 당직을 서는 조기장이 밖으로 나가서 어둠 속에 있는 제주도를 확인해 보라기에 얼른 기관실 밖으로 나가서 배가 항해하는 선수 쪽을 바라보았습니다.

어둠 속에서 검은 물체의 모습으로 제주도의 모양이 나타나고 해안선을 쭉 따라 군데군데 해안선에 위치한 부락들의 불빛이 보이기 시작하였습니다. 설레는 가슴을 진정시키고 배가 더 가까이 가기를 기다리고 있노라니 웅장한 모습의 제주도가 어둠 속에서 탄생하고 있었습니다.

"야! 제주도다!"

나도 모르게 탄성의 소리가 터져 나왔습니다. 말로만 듣던 제주도가 한라산을 중심으로 능선을 이루면서 해안선이 만들어져 있었습니다. 새벽의 어둠 속에서 나타나는 생전에 처음 보는 섬, 육지에서 멀리 떨어져서 상상하기 어려운 큰 섬이 이렇게 넓은 바다 복판에 있다니 참말로 신기하고 신기했습니다. 운반선은 새벽의 어두움을 헤치고 제주도를 향해 달려갑니다. 제주도 성내 앞 해상에 도착하자 붉게 타는 태양은 수평선 상(水平線上)에서 한라산 정상을 비취고 있었습니다.

바깥 선미(船尾)에서 잠시 제주 성내(제주시)를 확인 하고 기관실로 들어가서 정박 준비를 조기장과 같이 하고 있으니 기관 정지 신호가 들어왔습니다. 조기장과 함께 기관을 정지시키고 밖으로 나와 사방을 둘러보니 제주시 앞 해상에는 수십 척의 선망 어선들이 그 곳 항만(港灣) 안에는 물론이고 외항에 닻을 놓고 정박을 하고 있었습니다. 온갖 색색의 페인트칠을 한 선망 본선들과 등선과 운반선들이 낮에는 휴식을 취하였다가 오후 해가 지기 전에 작업장으로 출어를 하기 위해 대기(待期)하고 있는 것이었습니다.

처음으로 바라보는 제주 성내와 주위를 둘러보고 있을 때 어느 곳으로 가고 있는지는 몰라도 비행기 한 대가 하늘을 날아 북쪽으로 가고 있었습니다. 저녁때가 되어 석양의 붉은 노을이 제주 한라산을 칠할 때 선단들의 출어가 시작이 되었습니다. 그 때의 출어하는 선망 선단들은 정말 가관이었습니다.

언제 이런 멋진 풍경을 내가 보았겠습니까? 각기 다른 알록달록한 선단의 표시등(表示燈)을 켜고 어군탐지를 하기 위해 하얀 물살을 가르며 빠른 속도로 달려가는 수십 척의 선망 선단들의 그 광경(光景)은 가히 말로써 표현하기 어려울 정도입니다.

임진왜란 때의 이 순신 장군의 해전(海戰)을 방불케 하는 광경이 연출되는 것 같았습니다. 많은 선단의 배들이 출어하는 그 모습은 정말로 아름다운 풍경이었습니다.

육지에서는 볼 수 없는 한 폭의 그림과도 같았습니다. 어느 한 선단의 배가 어군을 탐지하면 사방으로 흩어졌던 모든 선단들이 알아차리고 모여 들었습니다. 선단 표시 등인 삼색 등은 물론이고 어군 탐지 등불과 작업 등불들이 어우러져 적막이 감돌던 바다 위를 순식간에 화초(花草)밭으로 만들어 장관(壯觀)을 이루며 투망에 열을 올리는 선망 선단들이었습니다.

그런 바다 사나이들의 수고를 통해서 수천 톤의 고등어가 부산공동 어시장의 경매를 거쳐서 전국의 우리 국민들의 밥상에 오르고 있음을 국민들은 알고 있는지? 배 멀미로 처음에는 고생을 하였지만 반년이 지나면서 부터는 아무리 파도가 쳐도 배 멀미는 나지 않았습니다.

글은 머리로 배우지만 세상일은 눈치로 배워야 합니다. 그러므로 머리와 눈치를 함께 한 일이 선박 생활의 공동체 생활임을 알았습니다. 나의 성격은 좀 고지식한 편이었고 다른 사람한테 지고 사는 성격은 아니었습니다. 그러니 무슨 일이든지 열심히 확실하게 일을 배웠습니다.

1975년 11월에 둘째 아이가 태어났다는 소식이 회사를 통해서 연락이 왔습니다. 바다에 있는 몸이라 가보지는 못하여도 건강하게 자라기를 바랄 뿐이었습니다.

부지런히 일해서 언젠가는 꼭 기관장 아니면 선장을 해 보고 하선한다는 신념을 가지고 일을 배웠습니다. 선망에 승선해서 일 년이 다 되어 가는 1976년 10월 초 가을철이었습니다. 제주 성산포 앞 해상에서 전갱이가 잡혔습니다. 우리 문창 72호는 만선의 고기를 선적(船積)하고 부산항으로 들어오고 있었습니다. 중간 지점쯤 왔을 때 회사에서 무전으로 부산을 들어오지 말고 거제 장승포항을 들어가서 장승포 세관에서 일본 수출을 할 서류를 준비하라는 연락이 온 것이었습니다.

회사의 지시를 받은 우리 문창 72호는 일본으로 가기 위해 거제 장승포 세관 앞에 닻을 내렸습니다. 현해탄에 폭풍은 불었지만 일본으로의 항해는 그래도 기쁘기만 한 일본 수출 길이었습니다. 결국은 그렇게 좋은 일이 아니었는데…….

여호와를 의뢰하는 자는 시온 산이 요동치 아니하리라(시 125:1)

7. 밀 수

제주도 성산포 앞 우도 근해에서 형성이 되어 잡히고 있는 어종인 전갱이는 크기는 15cm 정도인데 우리 한국에서는 가격이 싸지만 일본에서는 약 3배의 가격을 받을 수 있었습니다. 그러기 때문에 이 전갱이 어종을 잡는 선단은 무조건 일본으로 수출을 하기에 열을 올렸습니다.

우리도 수출의 붐을 타고 거제 장승포항 세관에서 수출 검역과 선원들의 소지품 검사와 통관절차를 밟고 오후 5시경에 장승포항에서 출항신고를 마치고 일본 하관 항(港)을 향해 출항을 하였습니다. 뜻밖에 생각하지도 않았던 선어를 선적하고 일본으로 수출을 하기 위해 대마도(對馬島) 상단(上端)을 통과 할 때 선원들의 마음은 설레고 있었습니다.

시간이 지날수록 칠 흙 같은 어두움이 깔리고 악명 높은 바다 현해탄은 우리를 그냥 두지 않았습니다. 파도는 무섭게 배를 삼킬 정도로 몰려오고 선체는 심하게 흔들리기 시작했고 뱃전을 후려칠 때마다 파도는 하얗게 물살을 뒤집어 놓았습니다. 만선(滿船)의 72문창호는 살벌한 항해를 하면서 일본 하관 항을 향해 파도속의 어둠을 뚫고 어렵게 나아갔습니다. 현해탄은 정말 무서운 해상이었습니다. 선적한 고기가 움직여서 젓갈이 될까봐 전 선원들이 노심초사로 힘겹게 항해를 하여 목적지인 시모노새끼(하관) 공동 어시장에 하역시간을 맞춰 도착하여 접안(接眼)하였습니다. 선적한 고기를 확인하여 보았지만 다행히 고기는 무사하였습니다. 일본 사람들은 생선을 갈고리로 찍어 상처 있는 것은 절대로 먹지 않았습니다. 선도가 좋아야 하며 깨끗한 생선 외에는 먹지 않았습니다.

우리 72문창호가 싣고 간 전갱이도 선도가 좋았고 일본 상인들의 마음에 흡족하여 어가를 잘 받았다며 대리점에서 아주 기분 좋은 연락이 왔습니다. 난생 처음 일본 하관 어시장을 들어가면서 받은 첫인상 한 가지를 여기에 적어 소개를 해 봅니다.

어시장을 들어가는 수로 양쪽 옆에는 조그만 소형 조선소가 몇 개소가 있는데 이 조선소 앞 바다는 물론이거니와 어시장의 앞 바다가 얼마나 깨끗한지 깨끗하기로는 더 이상 할 말이 없었습니다. 떠 있는 부유물질 또는 나무토막 하나 보이지를 않았습니다. 그 사람들이 얼마나 깨끗한 바다를 유지하고 있는지 일본 사람들이 정말 부러웠습니다.

물 그 자체가 얼마나 맑고 깨끗한지 어느 누가 감히 그 곳에 나무막대기 한 개, 쓰레기 하나라도 버리겠는가 말입니다. 민족이 다르고 과거의 시련은 있었지만 좋은 문화는 배워서 깨끗한 바다 만들기를 바랄 뿐이었습니다. 지금까지도 그 곳의 깨끗한 바다는 세월이 지나도 잊을 수가 없습니다.

하역을 마치고 출항 수속을 위해 하관 세관을 가야했습니다. 한 시간을 항해해서 세관 앞에 배를 정박했습니다. 세관은 육지로 걸어가면 얼마의 거리에 있지 않았으나 수로를 빠져 오사카 쪽으로 가다보니 하관 항 뒤편에 세관이 자리하고 있었습니다. 세관에서 출항 준비를 위해 출항 수속을 하는 중에 다른 선원들은 잠시 하선하여 하관 시내를 구경하고 있었습니다.

세관 뒤에 제법 큰 고물상 하나가 보였습니다. 일본으로 가기 한참 전에 들은 이야기로는 일본 고물상에 가면 쓸 만한 텔레비전을 버린다는 말을 들은 적이 있었습니다. 나는 그 말을 순진하게 믿고 있었는데 하필 바로 눈앞에 고물상이 보였습니다. 기대(期待) 반 불신(不信) 반으로 일행과 함께 고물상으로 가 보았습니다.

고물상으로 들어간 나와 일행들은 웃음을 참지 못하고 즉시 나와 버렸습니다. 일본 사람들이 그렇게도 어리석은 사람들이 아니라는 것을 알았기 때문이었습니다. 영악한 왜인들이 어떤 위인들인데 고물상에 쓸 수 있는 텔레비전을 버리겠는가? 우리가 어리석었다는 생각에 고물상에서 나와 선원들은 그 길로 배로 가지 않고 하관 백화점 또는 우리 교포들이 팔고 있는 상점을 찾아가서 자기 나름대로 필요한 화장품 몇 가지를 사서 배에 반입을 하였습니다.

일본 하관에 우리 한국 소주인 대선 소주를 세관 뒤편에서 리어카에 커-텐을 치고 낱잔으로 팔고 있는 할머니가 있어 나는 깜짝 놀랐습니다. 내가 한국에 있는 기분으로 같이 간 선원들과 함께 소주 낱잔을 사서 먹어보니 대선 소주 맛이 어찌해서 일본이라고 다를 수 있습니까? 그 술도 대선 소주 맛 그대로였습니다.

그러나 감회는 달랐습니다. 우리는 소주 한 잔씩을 마시고 일본 하관을 몇 번 왔다는 선원 한 사람을 따라 구경을 한다고 시내 쪽을 슬슬 걸어서 가다가 철길 굴다리 밑까지 왔습니다. 그 굴다리 밑 뒤 벽을 기대어 집을 지어 살고 있는 사람들이 있었습니다. 그 선원의 말에 의하면 그 곳은 하관의 휘 파리 마치 골목이라고 했습니다. 어찌 되었건 그 곳이 부산 완월동과 같은 곳이라고 합니다.

우리는 묘한 감정을 느끼면서 서둘러 그 곳을 빠져나오는데 그 선원의 말에 의하면 그 곳에서 잘못하다간 깡패들한테 혼이 날 수가 있다고 공갈을 놓는 바람에 우리는 어이가 없어서 겁만 먹고 바쁜 걸음으로 배로 돌아오고 보니 화가 났습니다.

공연히 그 곳에 가서 숨만 가쁘게 돌아왔으니 모두가 한 마디씩 그 선원한테 원망을 하다가 우리는 큰 소리로 웃고 말았습니다. 여자의 풋사랑의 정에 젖은 선원들은 이곳이 바로 안식처가 될 수도 있는 곳이기 때문입니다.

한나절을 하관 시내에서 시간을 보내고 그 날 저녁 7시경에 출항 수속을 한 후 우리 배는 하관 항을 출항했습니다. 부산을 향해 야간 항해로 현해탄을 건너는데 기상은 여전히 좋지 않았습니다. 바람은 제법 하얀 물살을 어둠 속에서 일으키며 현해탄은 순식간에 무서운 파도로 변하여 선수(船首)는 파도에 몸부림치며 파도를 가르고 나아갑니다.

피곤에 지친 선원들은 모두가 잠이 들었고 야간 당직자들만 피곤을 감당하면서 당직에 임하고 있었습니다. 어두운 현해탄의 밤이었지만 갈매기는 파도 위를 날며 72문창호를 향해 울부짖고 있었습니다. 하관에서 출항 할 때에 대리점에서 올려준 돼지 족발을 조리사한테 삶으라고 했더니 이놈 조리사가 피곤하여 잠이 든 바람에 족발은 물론이고 솥단지까지 불에 태워 먹지도 못하고 현해탄 바다에 고사지낸 것을 생각하면 또 하나의 즐거운 추억이 되었습니다.

현해탄의 바다는 우리를 밤새도록 괴롭혔습니다. 이렇게 파도와 싸우면서도 다행히 별일 없이 아침의 태양은 밝아왔습니다. 오전 10시쯤 되어서야 장승포항에 도착하여 장승포 세관 앞에 닻을 내렸습니다. 세관 감시반원들이 올라와서 선원들이 출항 할 때 신고한 각자의 소지품을 확인한 후에 세관원들은 조그만 손 망치와 쇠 파이프를 가지고 밀수를 찾는다고 침실은 물론 배 내부 모든 곳을 뒤집어 놓고 내려갔습니다. 이번 항차에는 전 선원들이 화장품 한 가지씩만 사 왔는데 쾌씸하기 짝이 없었습니다.

문창72호가 소속된 회사는 대보수산(大寶水産)이었습니다. 세관 써-취가 끝나고 난 후에 빨리 현장으로 나와서 다음 항차에 임하라는 본선 지시였습니다. 두 번째 일본으로 수출을 하기 위해 제주도 연해의 현장으로 달려갔습니다.

현장으로 달려가자마자 그날 밤에 바로 투망한 고기를 선적했습니다. 선적한 고기를 싣고 장승포 항으로 다시 입항하여 세관 수속을 마치고 일본 하관으로 출항하여 새벽 5시경에 하관 어시장에 도착하여 판매를 했습니다. 그리고 일본 세관 앞으로 이동하여 이번에는 선원들이 제법 밀수를 계획하였습니다. 그래서 모두가 약간의 물건들을 밀수하여 선내에 반입하여 실었습니다.

밀수한 화장품 종류는 침실에 두고 다른 물건은 얼음을 실은 어창에 얼음을 들어내고 맨 밑창 속에 감추고 그 위에 다시 얼음을 덮어두었습니다. 하관 세관에서 출항 허가를 받은 우리는 두 번째 장승포항을 향한 출항의 닻을 올렸습니다. 피곤함을 무릅쓰고 밤새도록 현해탄을 건넌 72문창호는 이 날도 오전 10시경에 장승포 세관 앞 외항에 닻을 내리고 세관 감시반들의 써-취를 기다리고 있었습니다.

그런데 회사에서 급한 연락이 왔습니다. 세관 입항 수속은 다음 입항 때 하고 입출항 수속만 마치고 빨리 현장으로 나가라는 것이었습니다. 현장에는 운반선이 없어서 본선이 고기를 그물에 그대로 차고 운반선만 오도록 기다리고 있는 실정이었습니다. 우리는 눈 코 뜰 사이 없이 바쁜 시간이었지만 3번째 일본으로 가는 길은 마냥 즐겁기만 했습니다. 회사에서는 빨리 현장으로 운반선을 보내야 하지만 밀수를 확인해 잡아야 할 세관에서는 그렇게 쉽게 허락을 할 것 같지 않았습니다.

그러나 조금 시간이 지난 후에 출항하라는 지시가 내려왔습니다.

우리는 조금 불안했지만 밀수한 물건은 그대로 싣고 나중에야 어떻게 되든지 간에 우선은 홀가분한 마음으로 현장으로 나갔습니다. 그물에 고기를 그대로 차고 운반선만 오도록 기다리고 있는 본선과 연결되어 도착하자마자 차고 있던 고기를 선적하여 세 번째의 일본 하관을 목적지로 두고 장승포 항을 향해 스탠바이를 하였습니다. 만선(滿船)의 운반선은 만재홀수선이 물속으로 잠기고 파도가 있어 배 갑판에는 바닷물이 쳐서 올라오고 선수는 물속을 곤두박질 쳐도 일본으로 들어가서 물건을 구매하여 밀수 해 올 것이라는 생각에 피곤한 항해였지만 즐거운 항해였습니다.

선원들 모두가 잠이 모자라는 것을 억지로 참고 장승포 세관 앞에 도착하여 닻을 내리고 입출항 신고와 수출에 관한 서류수속을 밟은 후 또 다시 72문창호는 일본 하관을 가기 위해 장승포항을 출항하였습니다.

대마도를 지나는 해상은 늘 무서운 파도가 밀려와서 선체를 덮쳐 왔습니다. 파도 때문에 선적한 고기가 움직이지 않도록 단단히 단속은 했지만 그래도 혹시나 하고 걱정을 하면서 이제 배는 대마도를 통과하고 이끼 섬을 지나서 맑고 깨끗한 하관 항 좁은 수로를 돌아 하관 어시장 경매시간을 맞춰 3번째 입항을 하였습니다.

하역 준비를 다 끝내고 잠시 시간이 남아 어시장 이곳저곳으로 구경을 하며 돌아보았습니다. 하관 어시장은 규모가 큰 어시장으로 일본 각처의 어선들이 들어와 잡은 고기를 경매에 붙이고 있었습니다. 어시장을 돌아보면서 어시장 한 쪽에 있었던 수족관 안에 그 큰 복어는 정말 처음 보는 복어였습니다. 어디에 가서도 그런 큰 복어는 한 번도 본적이 없었습니다. 길이는 약 1m정도고 둘레는 지름이 약 30cm정도 크기의 복어가 수족관에서 어느 일미 객(一味客)의 입맛을 돋우기 위해 기다리고 있었습니다. 일본에서는 이 복어 요리를 최고의 요리로 매기고 있다고 했습니다.

일본에 들어가서 첫 번째는 깨끗한 수로와 어시장의 앞의 깨끗한 바다에 놀랐고 두 번째는 일본 사람들의 허리 굽혀 상대방에게 깍듯이 인사하는데 놀랐습니다. 어떤 마음으로 또는 무슨 생각으로 그렇게 인사를 잘하는지는 모르겠지만 아무튼 그 인사에 두 번 놀랐습니다.

시간이 되어 경매를 마치고 출항 준비를 위해 세관 앞으로 배를 이동하여 세관에 입항 신고를 하였고 장승포 세관에서 작성한 소지 물품 신고서를 제출하고 하관 세관의 감시반들을 통해 선내 모든 입항 서치를 세 번째로 받았습니다. 철두철미한 하관 세관 감시반들이 임무를 마치고 돌아가면서 출항할 때까지 잘 쉬었다가라는 자기들 인사로 인사를 하고는 모두가 배에서 내려가고 난 후에 우리는 또 다시 교포들이 팔고 있는 상점으로 가서 물건을 밀수하여 배에 실었습니다.

사람들은 순간적으로 욕심이 발동하여 자기 앞에 무엇이 기다리고 있다는 것을 까마득히 모르고 있듯이 나도 헛된 욕심에 계획적 밀수에 가담하여 얼마의 돈이 손에 들어온다는 허영심에 사로잡혀 밀수를 하고 말았습니다.

욕심이 잉태한즉 죄를 낳고 죄가 장성한즉 사망에 이르나라(약 1:15).

8. 유치장 신세

나의 날이 체부보다 빠르니 달려가므로 복을 볼 수 없구나(욥 9:25)

**그들이 바람 앞에 검불같이 폭풍에 불려 가는 겨같이 되는 일이 몇 번이나 있었느냐 하나님
이 그의 죄악을 쌓아 두셨다가 그 자손에게 갚으신다 하거니와 그 몸에 갚으셔서 그로 깨닫게
하셔야 할 것이라(욥 21:18-19)**

우리는 일본 하관(下官)항에서 오전에 출항을 준비 하였으나 계
속되는 북동풍으로 대마도 해상에는 기상이 좋지 않았습니다. 저녁
이 되면 다소 잠잠해지는 북동풍의 특성을 이용하여 저녁 8시에 출
항 예정시간을 정하였습니다.

출항 시간까지는 많은 시간이 남아 있었습니다. 이번에는 계획적
으로 밀수를 하기 위해 돈을 준비해 갔기 때문에 돈을 준비해 간대
로 가죽잠바, TV, 청바지, 화장품, 몽키, 스패너, 쎄이코 시계 등 휴
대품의 한계를 넘도록 물건을 반입했습니다.

반입한 물건의 일부는 하관 세관에 신고를 하고 남아 있는 물건
들과 어창에 들어있는 앞 항차의 물건들을 모두 합하여 비닐봉지로
겹겹으로 포장을 하였습니다. 포장한 밀수품들은 기관실 예비기름
통에 넣어두고 탱크 안에는 기름을 완전하게 채워 두었습니다. 그
리고 기름 탱크 외벽과 소지 커버에는 식별이 되지 않도록 페인트
칠을 새로 하고 기름걸레로 문질러서 표시가 나지 않도록 해 놓았

습니다.

막상 밀수를 해서 선내로 반입하면 어디에도 감출 곳 없는 것이 밀수한 물건입다. 여기 저기 감출 곳을 찾아도 모두가 노출이 되겠고 아무 곳에도 감출 곳이 없었습니다.

기름 탱크에 물건들을 넣어 기름을 채우고 페인트칠을 해서 완전하게 해 놓았으니 별일 없을 것이라고 생각했습니다. 그러나 마음은 조마조마 하면서 편치를 않았습니다. 다행히도 바람이 잠잠해지는 저녁 시간에 예정 시간보다 조금 빨리 출항 수속을 마치고 하관항을 출항하였습니다. 대마도 하단을 통과 하고 있을 즈음에 회사의 지시가 본선을 통해서 내려왔습니다.

이번에는 입항을 충무 항으로 하라는 지시였습니다. 우리는 그 위치에서 대마도 상 하단 사이인 셋도를 빠져나와 새벽녘에 매물도 안에 있는 가오도에 접근 중이었는데 세관 감시선 한 척이 빨강 비상등을 깜박이고 있는 것이 보였습니다.

그 감시선이 우리를 감시하고 있다는 사실을 전혀 알아차리지 못하고 충무 항으로 들어왔습니다. 저번 항차에 선내 밀수 확인을 하지 않고 출항을 시킨 장승포 세관으로부터 문창72호 운반선을 인계받은 충무 세관은 72문창호가 입항하기만을 찍어놓고 기다리고 있었던 것입니다. 모두가 가슴을 두근거리면서 불안한 마음을 어쩔 수 없이 배는 충무 세관 앞 외항에 닻을 내렸습니다.

외항에 닻을 내린 후 한 시간 정도 지루하고 불안한 시간은 지나가고 있었습니다. 마침내 잔교에 접안하고 있던 파란색의 세관 감시선이 감시반원들 10여명을 태우고 72문창호로 왔습니다. 선원들은 두근거리는 가슴을 어찌 할 방법 없이 세관 감시원들을 맞아야 했습니다. 배로 올라온 세관 감시원들은 선원들을 배 한복판에 모두 세워 놓고 출항 할 때의 신고한 물건들을 재확인 하고 다른 물건이 있으면 내어놓으라고 합니다. 우리는 모두가 한 목소리로 '없다'로 대답을 할 수밖에 없었습니다. 그러나 세관 감시원들이 우리들의 말을 그대로 듣겠는가 말입니다. 감시원들은 모두가 선실로 기관실로 선수 선미 모든 공간으로 들어갔습니다.

그리고 선내 구석구석을 지렛대와 갈고리로 뒤적거리며 밀수품을 찾고 있었으며 다른 두 사람이 기관실로 들어가는 것을 보고 조기장과 내가 따라 들어갔습니다. 기관실로 들어간 세관원은 기관실 내부를 삥 둘러보고 있었습니다. 혹시 수상한 곳을 찾고 있던 감시원은 우리가 물건을 넣어 둔 기름 탱크 앞으로 가서 탱크를 유심히 바라보면서 무엇을 확인하고 있었습니다.

이 들이 귀신인가 속으로는 걱정과 동시에 가슴이 철렁하고 내려앉았습니다. 기름 탱크를 한참 보고 있던 감시원은 이 속에 무엇이 들어 있느냐고 물어 보는 것이 아니겠습니까. 갑자기 뒤통수를 한 방 내리치는 것 같았습니다. 조기장이 기름이 들어 있다고 대답했습니다. 어리석게도 우리는 도사 앞에 요롱을 흔들었고 죽는 줄도 모르고 남수 걸리고 있었습니다.

"그러면 잣대로 찔러 보시오. 확실 합니까?"

잣대를 찔러보나마나 기름이 들어 있는 것은 사실이었습니다. 잣대 구멍은 바깥에 있었습니다. 밖으로 나온 세관원과 우리는 기름을 확인시키기 위해 잣대를 기름 탱크 주입구로 찔렀습니다. 그러나 탱크 안에는 물건이 들어있는데 어떻게 잣대가 깊이 들어가겠습니까? 그때서야 물건을 잘못 두었다는 것을 알았습니다. 도둑이 제 발 저려오면서 머리가 아찔하였으며 잣대를 생각하지 않고 물건을 복판에다 얌전하게 두었다는 것에 가슴을 쳤고 후회하였지만 이미 엎질러진 물이었습니다.

"한 번 더 찔러보시오. 틀림없지요."

"⋯⋯⋯⋯⋯⋯"

아무 대답을 하지 않고 잣대를 찔렀더니 이번에는 어떻게 된 것이 잣대가 물건을 피하여 쑥 깊이 바닥에 까지 들어가지 않겠습니까? 그만 꼼짝없이 들통이 나고 말았습니다. 변명의 여지가 없어졌습니다. 기름 탱크 내부를 감지하여 눈치 챈 감시원은 탱크 소제(掃除) 커버를 열라는 것이었습니다.

"기름 탱크 소제(掃除) 커버를 열어보시오!"

이 소리를 들은 나와 조기장과 선원들의 얼굴은 창백해졌고 물 속에 빠진 생쥐 꼴이 되었습니다. 정말 어디로 도망가고 싶은 마음

뿐이었고 다리가 후들후들 떨리고 심장이 멎는 것 같았습니다.

소제(掃除) 커버를 열기 위해 몽키와 스패너를 잡은 손이 힘이 하나도 없었습니다. 우선 기름을 본 탱크에다 넘기고 기름이 전부 넘어 간 후에 소제(掃除) 커버를 열었습니다. 소제 커버를 열어보니 참 귀가 막힌 장면이 탱크 안에서 벌어지고 있었습니다. 탱크 안에는 기름 범벅이 된 물건들이 뭉치별로 쌓여 있었습니다. 탱크 안을 들여다 본 감시원은 '그러면 그렇지' 라는 표현으로 빙그레 웃고 있었습니다.

"물건을 바깥으로 끄집어 내시요."

세관원의 지시였습니다. 나는 정신없이 멍청하게 서 있다가 가슴이 철렁하는 것을 느끼며 '아이고 될 대로 되어라' 하고 물건을 한 뭉치씩 끄집어내고 있으니 황당하기 그지없었습니다. 선원 10명 중 2명은 서류 미비로 하선하고 8명이 일본으로 가서 선장과 조리사는 밀수를 하지 않았고 6명만 밀수를 하였기 때문에 뭉치가 6뭉치였습니다.

바람이 건들건들 잔교 위를 불고 있었고 하늘에는 구름이 빠른 속도로 달려가고 있었지만 날씨는 따뜻했습니다. 발각이 된 기름 묻은 자기 물건을 각자가 들고 세관 감시선 잔교(棧橋)를 줄줄이 걸어서 세관 건물 안을 들어가는데 우리들의 모습은 참 가관이었습니다. 작업복 그대로 왔으니 전쟁터에서 붙들린 포로들처럼 초라하고 바람 빠진 고무풍선 같이 흐느적거리며 감시원을 따라가는 모습들은 기가 막힌 장면이었고 한심한 장면이 연출되고 있었습니다.

우리 6명은 통영 세관에서 조서를 받았고 그 좁은 방에서 하룻밤을 불안하게 보냈습니다. 그리고 아침이 되니 세관 직원이 우리를 찾아왔습니다. 오늘 오후에 충무 유치장으로 넘어 가게 될 것이라고 합니다. 모두가 멍하니 그 세관 직원을 쳐다보았습니다.

늦가을의 햇빛이 지루한 하루의 세관 모퉁이 구석진 방으로 스며들 때 세관 앞에 경찰 호송차가 섰습니다. 충무 경찰서에서 우리 밀수범들 때문에 호송 경찰이 타고 온 것이었습니다. 경찰을 바라본 나의 심장은 사정없이 뛰고 있었습니다.

"모두 나오시오. 유치장으로 가야 됩니다."

우리는 유치장으로 가기 위해 호송차 앞에 모두 열을 지어 섰습니다. 그리고 호송차 앞에 줄을 서 있는 나의 손목에는 말로만 듣던 하얀 수갑이 채워지는 순간이었습니다. 차디찬 촉감의 은팔찌가 나의 손목에 걸리는 순간 나의 무거운 마음의 처참함에 전율이 느껴지고 있었습니다. 그 순간에는 무엇이라고 표현할 수 없는 나의 굳은 마음이 씁쓸하고 초라한 나를 얼어붙게 만들었습니다.

충무 경찰서 유치장으로 향할 때에는 날은 어두워지고 늦가을의 밤 날씨는 몸에 한기를 느끼게 했습니다. 아무런 말도 없이 서로의 얼굴만 쳐다보면서 앞일을 예상치 못한 우리들 밀수범들은 어디를 가는지 방향도 알 수 없이 탑 차 안에서 묵묵히 앉아 있었습니다.

얼마의 시간이 지났을까요. 호송차는 어느 건물 앞에 섰고 동시에 뒷문이 열리고 우리는 모두 차에서 내렸습니다. 우리가 내린 그 곳은 바로 그 유명하다는 충무 유치장 앞이었습니다. 불안한 마음은 어찌할 도리가 없었습니다. 유치장 밖의 밤은 깊어가고 별들은 아무 소리 없이 반짝이며 자기들끼리만 하늘에서 속삭이고 있는 것처럼 보였습니다. 우리는 유치장에 도착하자 시간을 지체 않고 호송 경찰을 따라 유치장 안으로 들어갔습니다. 유치장 안으로 들어가는 것이 이렇게 무서울 줄이야 감히 몰랐을 것입니다.

9. 감방 문턱을 밟지 말라

평생 들어 와서는 안 될 유치장 안으로 들어갈 때에는 몸은 완전히 얼어붙었고 겁먹은 눈방울만 전기가 번뜩이었습니다.

유치장 바깥에서 엄격한 물건 반입 검사를 마치고서야 경찰관은 우리 6명을 각자 방으로 인도하기 위해 감방 쪽문을 열었습니다. 내가 배당 받은 방은 2층 12방이었고 유치장은 반원형식으로 되어 있었습니다. 이 12방을 들어가기 위해서는 1층 감방 앞을 지나가야 했습니다.

1방을 지나서 6방 옆에 2층으로 오르는 계단이 있었기 때문에 1층 감방을 지나가는데 먼저 들어간 폭력배들이 굶주린 이리 떼가 먹이를 보고 달려오는 것처럼 무서운 기세로 창틀 사이로 손을 내밀고 포악한 행동으로 소리치며 악을 부리고 있었습니다. 나는 무서웠고 완전히 기가 죽어 참담한 심정으로 현실을 받아들여야 했습니다.

"유치장 감방 문턱을 밟지 말라."

이 말은 바깥에서 한 번씩 들어본 말이었는데 내가 이제 이 문턱을 넘어가야 되는 피하지 못할 운명의 순간을 맞았던 것입니다. 정말 그 문턱이 두려웠습니다. 간단한 것처럼 들리지만 어려운 행위로 넘어가야하는 것이고 쉽게 바로 넘어갈 것 같아도 겁에 질려 빌 빌거리다가 문턱을 밟을 수도 다분히 있었기 때문이었습니다. 떨리는 몸을 겨우 중심을 잡고 12방 앞에 섰습니다. 경찰관이 철창문을 열 때 철창문은 삐걱하고 요란한 쇠 소리를 내면서 열렸습니다.

12방 안에는 도둑놈들이 한 5명 정도가 보였으며 들어가는 문이 허리를 꾸부려야 들어갈 수 있을 정도의 낮은 문이라서 혹시나 잘못하여 문턱을 밟을까 많은 신경을 쓰고 조심조심 발을 살짝 들어서 이승에서 저승으로의 그 어렵고 힘든 문턱을 넘어갔습니다.

나도 모르게 나오는 한숨을 간신히 참으며 방안으로 들어섰습니다. 철창문이 낮게 만들어 졌기에 들어갈 때 잘못하면 문턱을 밟을 가능성도 다분히 있었습니다. 조심스럽게 문턱을 넘어 바로 서서 인사를 하는 순간에 어디에서 날아오는지 갑자기 복부를 한 대 갈기는데 '욱'하는 소리가 입에서 절로 나오면서 사정없이 허리가 앞으로 구부러졌고 숨 쉴 사이도 없이 팔꿈치로 내 등을 힘껏 내리치는 것이었습니다.

'욱! 아이쿠 올 것이 왔구나. 오늘은 내가 죽는 날이다.'

그 때의 나의 얼굴은 비굴하게 창백해졌고 식은땀이 나오고 내 몸둥아리는 그 자들의 것이었습니다. 얼마나 때릴 것인가 하고 다음을 기다리는데 어찌된 것인지 때리지 않고 저기 앉으라고 합니다. 주먹과 팔꿈치로 감방 신고식을 마친 감방생활 시작은 신고식에서 자유의 몸이 되었습니다. 정말 천만다행이라 생각했습니다.

감방장이란 자는 담요를 푹 둘러쓰고 누워 있었고 똘만이란 차가 나에게 신고식을 시킨 것이었습니다. 그렇게 때리고 난 후에 폭력배로 들어온 자는 감방장이란 자를 소개시켜 주었습니다. 감방장이란 자는 마약 혐의로 들어온 잔데 있을 때까지 잘해 보자고 하며 다시 들어 눕습니다. 그 순간부터 우리에 갇혀 있는 원숭이들처럼 유치장 철창 안에서 한심한 감방생활이 시작되었습니다. 충무 유치장 방안은 두 평정도의 방인 것 같았습니다.

지금 생각하면 생각조차도 하기 싫은 그 유치장 안에서는 어떤 일이 벌어지고 있겠습니까. 그 속에는 힘없는 사슴들이 한 마리의 하이나 또는 들개한테 농락당하고 있는 것처럼 인간의 선한 정이라고는 찾아보기 힘들었고 오직 감방장이란 오너에게 시키는 명령을 받고 그대로 해야 하는 인권 유린의 세계였습니다.

인격과 인권은 유치장 문 앞 땅속에다 고이 묻어 두었다가 나중에 석방되어 나갈 때 묻어둔 인간의 본체를 파내어 다시 영혼 속에 넣어가는 것이 옳은 대답일 것입니다. 메마른 정과 악이 공존하는 세계가 이 두 평 남짓한 방안에서 난무하게 이루어지고 있는 것이었습니다.

무엇 때문에 죄를 짓습니까? 죄는 자기 본성을 스스로 부인하고 착한 행실을 저버리며 탐욕으로 인한 소욕의 시꺼먼 속내로 자기를 주장 할 때 얻어지는 결과의 산물이 아니겠습니까. 인간이 범행을 하는 것은 자기를 포기하는 것이라고 생각했습니다. 유치장의 첫날 밤은 걱정과 몸부림의 연속이었습니다. 바람 한 점 들어올 수 없도록 틀어막아 탁한 산소를 마시며 철창의 칸막이 안에서 앞으로 재판받을 일들을 생각하면 걱정이 앞서 잠이 오지를 않았습니다.

지루한 밤 이었습니다. 옆 사람도 잠이 오지 않는 모양이었습니다. 앞으로 이 철창 속에서 얼마나 있어야 할지 앞이 보이지 않은 암흑의 불안한 밤을 보내야 했었습니다.

유치장에서 나오는 관식(官食)은 정말로 먹을 수가 없었습니다. 그래도 집에서 사식을 넣어 주니 먹는 것은 불편함 없이 먹었지만 사식을 넣어 주는 사람이 없는 수인(囚人)은 별 수 없이 관식을 먹어야 하는데 먹기 쉬운 것이 아니었습니다. 구속 된지 3일이 지나갈 무렵 오후 시간에 밀수범들이 또 들어온다는 말들이 들립니다. 정말 또 놀랐습니다.

유치장 안에 바깥 정보를 제공하는 자가 있는 모양인지 어떻게 도둑놈들이 바깥에서 일어나고 있는 일들을 그렇게도 잘 알고 있는지 회사 이름과 선명(船名)까지도 정확하게 알고 있었습니다. 참 기가 찰 일이었습니다.

회사는 대보 수산의 운반선이라고 합니다. 그 중에 대보 51호라고 했습니다. 나는 깜작 놀랐습니다. 대보 51호 운반선은 우리 회사 선박이었습니다. 멍청한 자들입니다. 문창 72호가 밀수 때문에 구속되었다는 것을 알고 있었을 것인데 말입니다.

그런데도 밀수를 해서 유치장 맛을 보러 들어온다니 정말 황당하고 말이 나오지 않았습니다. 대보 수산이 완전히 멍이 드는구나. 회사에 미안한 생각이 잠시 들었습니다.

죄수 중에 나이가 제일 적은 절도범이 한 명 있었는데 내가 심심하던 터라 너는 무엇 때문에 들어 왔느냐고 죄명을 물어보았더니 그 놈은 닭을 훔쳐 먹고 들어왔다고 합니다. 닭을 한두 마리가 아니고 오십 마리나 훔쳐서 팔아먹고 상습 절도혐의로 들어온 놈이었습니다. '에-익 도적놈'하고 나는 웃어버렸습니다. 그 안에서 도적놈들의 죄명과 그 과정을 들어보면 정말 우습고 재미있고 내가 그 죄 속으로 빠져 들어가고 있음을 느껴질 때가 있습니다.

다음 날 오후 5시경에 밀수범 5명의 대보51호 선원들이 유치장 안으로 다 죽어가는 몰골로 들어와 방을 배당 받고 있는 장면을 2층 12방에서 내려다보았습니다. 참 한심합디다. 그러고 보니 나는 유치장 감방 서열로는 고참에 해당 됩니다. 고참이라고 생각하니 웃음이 절로 나오고 그 큰 고참 생각에 희열이 느껴졌습니다.

'고참! 참 슬픈 고참이다.'

5명 중 1명이 2층으로 올라오는 것이 보였습니다. 그리고 내가 있는 방문 앞으로 간수와 같이 걸어와서 방안으로 들어오는 것이 아닙니까. 그 밀수범의 얼굴을 힐끗 쳐다보니 그는 내가 잘 알고 있는 친구가 아닙니까. 진짜 한심하고 어이가 없었습니다. 그렇지만 우리 둘이는 서로 쳐다만 보고 웃고 말았습니다.

그 친구는 감방 신고식을 톡톡히 치렀습니다. 그러고 보니 나는 확실히 봐 준 것이었습니다. 그래도 아는 사람이 있으니 외롭지는 않았습니다.

유치장 안에서는 밥 먹는 것이 대단히 중요했습니다. 면회를 자주 오는 수인(囚人)들은 사식을 넣어 주어 그 안에서는 별 탈 없이 지내게 되는데 면회를 오지 않는 자들은 정말로 불쌍해서 못 봅니다. 하루 종일 눈치하며 한 쪽 구석에 찌그려져 있어야 되고 밥은 관식을 먹어야 되는데 참말로 눈을 뜨고 보지 못합니다. 그 속에서도 있는 자와 없는 자가 구별이 되니 바깥세상에서는 오죽하겠습니까?

하루는 유치장에 들어 온지 10일이 지나가는 날 감방장이라는 자가 마산으로 이감을 간다고 했습니다. 그러더니 충무에서 폭력배로 들어온 똘만이란 자가 나에게 오더니 그냥 있을 수 없다면서 선물을 해야 하는데 선물은 다른 것보다 딸랑 딸랑 한 벌 사 주어야 된다고 하지를 않겠습니까? 참 어이가 없었죠. 뭐 이런 자들이 다 있나 싶었지만 그래도 그 안에서 편하게 생활을 하려면 그 자들의 말을 거부하면 안 될 것 같아서 무슨 말인지 다시 물어 보았습니다.

"딸랑 딸랑이 무엇이오." 라고 했더니 그 딸랑딸랑은 다른 것이 아니고 쌍방울 고급 내의를 말하는 것이라고 했었습니다. 그 시절에는 쌍방울 고급 내의가 최고로 비싸고 귀한 편이었습니다. 그래서 이 쌍방울 내의를 딸랑 딸랑이라고 자기네들끼리 말을 만들어 통하는 말이었습니다.

감방장이란 자가 마산으로 이감을 가고 난 이틀 후 우리 6명의 밀수범들은 검사 소환 조사를 받았습니다. 검사 앞에서 일대 일로 앉아서 충무 세관에서 받은 조사 그대로 밀수한 사실을 숨김없이 공소 사실을 인정하고 유치장으로 돌아왔습니다. 그리고 검사의 처분만 기다리고 있었습니다.

가족들이 변호사를 선임하여 재판 준비를 하고 있다는 소식을 전해 주었습니다. 그런데 문제가 생겼습니다. 충무지원에서는 단독 재판만 하기 때문에 밀수범 재판은 합의 재판을 하는 마산에 있는 지방법원으로 재판이 넘어간다고 했습니다. 우리들은 두려웠지만 별수 없이 지방법원이 있는 마산 형무소로 가야할 마음의 준비를 하고 있었습니다.

'형무소…! 진정 나도 가야하는 길이구나.'

우리들의 운명을 재판관에게 맡겨놓고 처분만 기다리고 있다가 가라면 가고 오라면 오는 별 수 없는 죄인들 아닙니까? 어지러운 심정을 진정시키며 잠시 생각에 잠겼습니다.

10. 마산형무소로 이감

마산 형무소로 이감은 확실했습니다. 형무소라는 말에 기분은 썩 좋은 편이 아니었습니다. 그러나 어찌 되었든 간에 충무 유치장에서는 빨리 나가고 싶은 마음은 간절했었습니다. 형무소로 이감을 한다고 생각하니 머리가 복잡하여 뒤척거리다 밤을 새웠습니다. 가족들이 면회를 왔습니다.

아랫방으로 들어간 동료들이 한 사람씩 면회 장소로 나가고 있는 것이 보입니다. 그리고 곧 내 이름도 불렀습니다. 가족들이 있는 곳을 나가 보니 각자 가족들끼리 이야기에 열을 올리고 있었습니다. 오랜만에 모두들 함께 만나니 반갑고 기쁘기도 하였습니다. 면회(面會) 장소에서 마산으로 이감(移監)된다는 말을 변호사를 통해서 들었다고 전하여 주었습니다.

다음 날 아침 출근시간을 맞춰서 우리 일행들의 명단을 불렀습니다. 살벌하고 냉혹했던 충무 유치장에 들어 온지 20일 만에 땅에 발을 디뎠습니다. 모처럼의 햇빛을 받으니 눈이 부셔서 몇 개의 별이 반짝이었습니다.

오랜만에 맑은 공기를 폐부 깊숙이 마시고 땅을 걸어보았습니다. 그러나 그것도 잠시 다시 은팔찌를 손목에 끼고 포승줄에 묶이고 하여 돼지가 장날에 여행가는 것처럼 밀수범들은 줄줄이 호송차에 올랐습니다.

우리들을 실은 차는 그 음흉한 충무 유치장을 뒤로하고 마산 형무소로 향해 가고 있었습니다. 삶의 목적이 어디에 있는지도 모르고 오직 재판을 위해 모든 것을 감수하며 인내하면서 마산으로 가는 길이었습니다. 가는 도중 배둔고개 마루에서 화장실을 갈 겸 잠시 동안 휴식을 취하며 호송 경찰과 모든 가족들이 모여 앉아 있는 시간에 모처럼 나의 초라한 모습을 내려다보았습니다. 참 너무나 초라하고 볼품없는 내 모습 그대로였습니다.

포승줄과 두 팔목에 차고 있는 수갑을 내려다보고 있노라니 뜻밖에도 단장의 미아리고개 유행가 노래 가사가 나의 뇌리를 스쳐가고 있었습니다.

'미아리 눈물고개... 포승줄로 꼭꼭 묶고.... 은팔찌 차고... 뒤 돌아보고 또 돌아보고'

나는 상상에 떠오르는 나의 모습을 안타까움이 젖어 비교되어 서려왔습니다. 행색이 무엇이 다른가. 다르다고 하면 전쟁으로 인한 인민군들한테 끌려가는 것과 밀수범죄의 차이뿐이었습니다.

마산까지는 시간이 많이 걸리는 것 같았습니다. 어두움이 물안개처럼 자욱이 내려깔리는 저녁이 되어서야 마산형무소(馬山刑務所) 정문 앞에 도착했습니다. 어시시하고 적막이 감도는 분위기가 나를 제압하고 있었습니다. 높이가 약 5-6m의 하얀 벽이 빙 둘러쳐 있고 군데군데 망대가 서 있는 것이 더욱 그랬습니다.

밤인데도 사람들이 모여 웅성거리며 서 있는 것이 보였습니다. 어느 만기 출소자나 미결수가 집행유예로 출감을 하는가 보다하고 생각하면서 흰 벽돌담을 빙 둘러 쳐다보다가 육중한 철문 앞에 눈이 멎었습니다.

'아!'

하고 한숨 섞인 음성이 나도 모르게 나왔습니다.

'이곳이 바로 형무소로구나 저 안에는 많은 죄수들이 징역을 살고 있겠구나.'

소름이 끼치고 아무 생각이 없었지만 그래도 정신을 가다듬고 어둠 속을 쳐다보며 주시(注視)하고 있었습니다. 그 때 철꺼덩하고 쇠 소리도 요란하게 철문이 열리더니 호송 경찰이 우리를 안으로 인솔하며 들어가자고 합니다. 나는 솔직히 불안한 마음 감출 길이 없었습니다.

'올 것이 왔구나. 유치장 보다 더 무서운 곳이고 그 곳 유치장에서 당한 것처럼 여기서도 또 당해야 되겠지'

이렇게 생각하면서 마음을 단단히 먹고 호송 경찰을 따라 형무소 철문으로 들어갔습니다. 호송 경찰은 형무소 교도관에게 우리를 인계하고 나가면서

"수고하십시오. 저희는 갑니다."

하고 나가버렸습니다. 교도관은 우리의 손목에 찬 수갑을 안에 들어가서야 풀어 주었습니다. 교도관은 우리의 명단을 확인 한 후에 간단한 수속을 밟고 각자의 방을 배당하여 주었습니다. 한 교도관을 따라 쪽문 두 개를 지나가니 비를 피하기 위한 뚜껑 있는 막사 밑에 공동 목욕탕이 있었고 옆의 막사로 들어가니 골마루를 복판에 두고 양쪽으로 쭉 감방이 나열되어 있었습니다. 교도관을 따라 들어가면서 주위를 보니 푸른 죄수복을 입은 미결수(未決囚)들이 방마다 줄을 지어 앉아 있는 모습들이 눈에 들어왔습니다.

나는 죄수 번호 12XX가 붙여진 푸른 죄수복을 입고 겁에 질린 채 복도를 걸었습니다. 내가 재판을 받기 위해 기다리고 있어야 할 미결수 방을 찾아가고 있었던 것입니다. 교도관을 따라 한참 안으로 들어가서 어느 방 철문 앞에 섰습니다. 2사 10방 철문 위에 방의 명패가 보였습니다. 교도관이 의기양양하여 10방 철문을 열기 위해 열쇠를 자물쇠 구멍으로 집어넣으니 철문은 삐꺽하는 쇠 소리와 함께 열렸습니다. 감방 안의 분위기는 조용했습니다.

"감방 문턱을 밟지 말라!"

밀수범인 나는 조심 또 조심하며 고개를 숙이고 감방 문턱을 살짝 넘어가서 방안의 분위기를 곁눈으로 슬쩍 확인해 보았습니다. 13-4명의 죄수들이 열을 지어 앉아 밀수범 한 명을 맞이하고 있었습니다.

형무소 감방은 유치장보다 넓은 방이었고 유치장과는 사뭇 다른 분이기가 풍기고 있었습니다. 어느 면전(面前)이라고 함부로 하겠는가. 허리를 구부리고 머리를 조아리며 죄수들 앞에 섰습니다. 어디서 또 주먹세례가 날아올까 하고 단단히 조심을 하고 다음의 처분을 기다리고 있었는데 누군가가 땅에 않고 얼굴을 들라는 것이었습니다. 얼굴을 들고 소리 나는 쪽을 바라보고 깜짝 놀랐습니다. 감방장이라고 하는 자가 나를 보고는 씩 웃고 있지 않습니까? 충무 유치장에서 방장을 하다가 딸랑딸랑 한 벌을 선사 받고 마산으로 이감된 그 자였습니다.

정말로 묘한 인연이지만 내가 놀란 것은 그 자가 감방을 자기 집 안방 드나들듯이 다녔는지 가는 곳마다 방장 노릇을 하고 있었습니다. 놀라운 일이었지만 아무튼 반가웠습니다. 마음 푹 놓고 저 쪽에 가서 앉으라고 하기에 눈으로 아는 체 하고 곧 바로 그들의 앞에 앉아서 형무소의 미결수 생활이 시작된 것입니다.

잠자리 순서는 맨 끝 순서로 벽을 보고 누어야 했습니다. 형무소는 유치장처럼 사식은 들어올 수 없었으며 밥의 종류는 콩과 보리쌀 혼합 밥을 성냥 각처럼 기계에 찍어서 만든 밥을 주는데 이 밥이 바로 가다밥 즉 콩밥이었습니다. 국은 된장국과 반찬 몇 가지로 주는데 식사 때가 되면 폐통이라고 바깥에서 배식구(配食口)를 치면 안에서 그 구멍을 열어 줍니다. 그러면 그 구멍으로 가다밥이 한 덩어리씩 들어옵니다.

이 가다밥 한 덩어리를 끼니마다 받아먹고 재판(裁判) 날짜만 기다리는 식충(食蟲)들이 처량한 신세로 앉아 있습니다. 할 일 없이 앉아서 매일 자기들이 검사고 판사입니다.

그 콩밥을 먹다가 갑자기 풍치로 인해서 통증이 생기는 바람에 콩밥 그것도 먹지를 못하고 혼이 난 적도 있었습니다. 영치금은 순서대로 빵과 과자 같은 것을 사 와서 오후 시간에 서로 나누어 먹곤 하는 것이 유치장과는 조금 다른 것 같았습니다. 실낱 같은 인간의 정과 의리는 유치장이나 여기서나 비슷한 의리가 있는 곳이라고 생각 했습니다.

감방 안에는 모든 것을 수인들이 만들어서 사용하였는데 먼저 필요한 것이 담배였습니다. 밀감 껍데기를 바짝 말려서 손바닥으로 싹싹 비벼 가지고 담배 대용으로 피우니 종이가 타니까 담배 맛이 나는 것 같아 좋았습니다. 그것이라도 마음 놓고 피울 수 있으면 얼마나 좋으랴 만은 연기가 나면 되지 않기 때문에 연기를 삼켜버리든지 아니면 뺑끼통에 가서 손바닥으로 날려버려야 됩니다.

또 과자 봉지를 찢어서 늘려가지고 빨래 줄을 만들어 사용하고, 종이로 장기를 만들어 시간을 보내며, 칫솔대에 라이터돌을 꽂아 부싯돌을 만들어 종이 담배에 불을 댕기고, 하여튼 여기에 다 열거 하지는 못하지만 여자만 만들지 못하지 모든 것을 다 만들어 사용할 수 있는 곳이 감방이었습니다.

하루 종일 앉아서 서로가 입만 쳐다보면서 각자가 경험담을 이야기 하다보면 기절초풍 할 이야기들이 나오고 웃지 않을 수 없는 이야기가 나오면 한바탕 배꼽을 잡고 넘어가는 시간들이 감방생활의 지루함을 이겨내는 유일한 일이었습니다. 5-6메타의 하늘과 땅의 선을 그어 놓은 하얀 벽을 경계로 하여 밖과 안은 천국과 지옥으로 분류해도 무관하지 않을 것입니다. 평화와 자유가 구속되고 인간의 존엄성은 찾아보기 힘들었고 악과 명령 앞에 순종하는 것만 최고의 수단으로 존재하는 곳이 그 곳이었습니다.

형무소의 감방 생활에도 이제는 조금씩 안정을 찾아 갔습니다. 오늘도 겨울 햇살이 따스하게 감방안의 철창 비닐 문을 통해서 들어옵니다. 문을 통해 들어오는 따스한 햇살을 쪼이고 있을라치면 그 따스한 햇살이 나의 심장을 데워 줍니다. 내 인생이 걸어온 지난 날들이 차창 밖의 지나가는 가로등처럼 빠르게 스쳐 지나갑니다.

'나는 왜! 이렇게 고난의 어두운 길만 걸어가고 있어야 하는가?'

'무엇 때문에 무엇이 잘못되어서 이런 시련의 고난을 맛보아야 한단 말인가?'

병든 육신의 고통에서 벗어난 지 얼마나 되었다고 차디찬 감방에서 죄수의 신세로 있어야 하는 내 인생이 정말 모질게도 복이 없는 연약한 인생 드라마였습니다. 앞이 보이지 않는 어두운 밤거리에 터벅터벅 의지할 곳 없는 난간을 걸어가는 나를 발견했습니다. 내 인생길에도 먼 훗날 언젠가는 이 어두운 여명이 찬란한 태양으로 솟아오를 밝은 날이 오겠지 하고 긴 호흡과 함께 아픈 가슴을 진정하면서 희망을 걸어보았습니다.

마산 형무소에 이감 온 지가 벌써 10일이 지나가는 동안에 두 명의 미결수가 내가 있는 방으로 또 들어 왔습니다. 문제는 잠자리였습니다. 좁은 방에 수인들이 많이 들어오니 비좁아서 잠은 칼잠을 자야 하니 보통 괴로운 일이 아니었습니다. 잠자다가 화장실로 가기 위해 일어났다가는 자기 자리로 들어온다는 것이 보통 고역이 아니었습니다. 이런 억척스런 생활을 하다가도 미결수들의 유일한 기다림은 오후 운동시간이었습니다.

모두가 나와서 서성거리고, 세상을 바라보며 맑은 공기로 호흡을 하고, 운동을 즐기다가 시간이 되면 들어가서 가다밥 나오는 시간을 기다리면서 필요 없는 말만 주고받고 하는 것이 일과였습니다.

유치장에서 닭 절도범을 만났고 여기 형무소에서는 강간범이 들어왔는데 죄 중에서 제일 추잡한 죄가 강간죄라 조서를 받을 때는 현장 검증을 하는데 자기가 행한 그대로 검증을 받았다는 소리를 듣고는 한바탕 웃음보가 터져 모두가 많이도 웃고 웃었습니다. 미결수 감방에서 한 달이 다 되는 어느 날 교도관이 나의 수인 번호를 불렀습니다. 대답을 하고 열리는 철문을 향해 나갔습니다.

밖으로 나가니 30명 정도의 미결수들이 포승줄에 묶여서 수갑을 차고 교도관들이 지시하는 대로 하고 있었고 그 중에는 우리 일행들도 나와 있었습니다. 모처럼의 얼굴들을 보니 정말로 반가웠습니다.

나의 팔목에도 수갑을 채우고 팔과 몸을 포승줄로 묶었습니다. 대형 버스를 타고 검찰청 안으로 버스가 쑥 들어갔습니다. 버스의 문과 건물 통로의 문이 검찰청과 같이 바로 연결되어 있었습니다. 죄수들은 그 통로에 모두 앉아서 대기하고 있다가 검사 서기가 부르는 순서대로 검사실로 들어갔습니다.

우리 밀수범들의 이름을 불렀습니다. 고양이 앞에 쥐가 된 신세로 검사 앞에 일대 일로 섰습니다. 검사가 밀수의 운반 과정을 물어보기에 사실대로 숨김없이 대답을 했습니다.

"예" "그렇습니다." "그렇게 했습니다."

우리는 여기에서도 공소 사실을 모두 인정하였습니다. 거짓말 할 것도 거짓말을 할 이유도 없었기에 검사의 심문을 마치고 1심 재판 날짜를 확인하고 참참한 마음으로 감옥으로 돌아왔습니다.

'죄를 짓지 말아야지, 죄를 짓지 '말아야지'

나는 몇 번이고 다짐하고 다짐했습니다. 그 곳에 들어있는 모든 죄수들이 이렇게 생각하면서 후회의 입맛을 다졌을 것입니다.

1심 공판에서 얼마나 형을 받을까 걱정을 안 할 수가 없었습니다. 설마 초범이니 좋은 결과가 있을 거라는 옆 사람의 재판도 있고 해서 기대만 하고 있을 뿐이었습니다.

감방 안의 겨울은 깊어만 갑니다. 바깥에는 아주 추운 모양인지 감방 창문 비닐에 서리가 꽉 끼었습니다.

1976년 12월 중순 1심 재판을 받는 날입니다(10년 전 67년 12월 제대 말년에 살인의 공범으로 헌병대로 끌려갔던 때가 갑자기 생각이 났습니다). 이상야릇한 감정이 나를 붙잡았습니다. 곧 바로 나는 마음을 가다듬고 철문 열리기만 기다리고 있었습니다. 아홉 시가 지나서 교도관이 나의 수인 번호를 불렀습니다.

"12XX번 오늘 재판이다!"

하면서 감방 철문을 열었습니다. 나는 떨리는 마음으로 법원으로 가기 위해 감방 문을 나섰습니다.

"너희들은 집행유예로 나간다."

방안에 남은 죄수들이 미리 선고를 내리고 있었습니다. 오늘도 수갑에 포승줄로 묶인 처량한 신세로 형무소에서 법원으로 가서 법정 안으로 들어갔습니다. 생전 처음으로 법정 내부와 재판 과정을 경험하게 되었습니다. 법정 안은 조용하였습니다. 앞쪽으로 판사석이 나란히 있고 밑으로 검사석 변호사석 피고인석 이렇게 좌석이 배정이 되어 있었습니다. 재판 결과를 보기 위해 가족들이 와서 뒷자리에 앉아 있는 것이 보였습니다.

가족의 얼굴을 쳐다보니 반갑고 미안하고 가슴이 아팠습니다. 판사석 뒷문이 열리면서 판사(判事)님들이 들어옵니다. 이 때 일동 기립(一同起立)하는 소리에 법정 안에 있는 사람들은 일어나서 판사들에게 예우를 한 다음 착석한 후에 1심 재판(一審裁判)이 열리기 시작했습니다.

우리 6명의 이름을 차례로 불러 신분(身分)을 확인한 후에 검사(劍士)의 심문(審問)이 있었습니다. 그 다음에는 변호사가 반대 심문(審問)을 했습니다. 밀수(密輸)의 금액은 모두 합쳐서 56만 여원 정도였습니다. 검사의 심문이 시작되고 변호사의 반대 심문과 변론이 끝나고 검사의 논고(論考)를 마친 후에 구형(求刑)이 떨어졌습니다. 아찔한 순간이었습니다.

"누구누구는 징역 1년 6월"

"최현배 징역 1년"

선고는 다음 몇 월 며칠에 있다는 말로 1심 재판(一審裁判)이 끝났습니다. 1심에서 1년을 받은 나는 설레는 마음으로 2심(審)을 기다렸습니다. 선고일이 77년 1월 초에 있었는데 1월은 모든 공무원들의 인사이동으로 재판이 열리지 못하였습니다. 때문에 1월 한 달은 무척 힘들고 지루했습니다. 마음이 조급하고 답답함을 어찌 말로 표현하겠습니까?

그래도 세월은 가서 1977년 2월 초에 첫 재판이 있다고 합니다. 재판받을 죄수들이 많이 밀려 있었기 때문에 우리가 2월 초에 재판을 받을 수 있을까 걱정을 했었습니다. 다행히 우리도 2월에 첫 재판 날짜가 정해졌습니다.

77년 2월 기다리던 재판 날을 맞아 아침 일찍 일어나 수인 번호

부르기를 기다리고 있었읍니다. 출근 시간인 9시가 되니 들어오는 입구 1방부터 재판 해당자의 이름과 수인 번호를 불렀습니다. 그 다음 내가 있는 2사 10방 앞에 교도관이 섰습니다. 다른 죄수들의 이름과 수인 번호(囚人番號)를 부를 때 마음이 조마조마했으나 곧 나의 수인 번호를 부르는 소리가 들렸습니다. 그 때는 정말 기뻤습니다. 나의 생에 또 한 번 중요한 운명의 날이 시작되고 있습니다.

판사의 최종 선고를 운명 앞에 맡기고 법정 안의 죄수 석에 앉아서 선고를 기다리고 있었습니다. 법정 안은 웅성웅성하는 소리가 들리면서 방청객들이 많이 들어오고 있었습니다. 우리 뒷좌석에 재판을 기다리는 죄수들이 줄줄이 앉아 있었고 죄수들은 모두 입을 다물고 말없이 앉아 있습니다. 오늘은 77년도 들어서 처음 재판이 열리기 때문에 중요한 날이라고도 할 수 있습니다.

재판 시작 시간이 되니 법복을 입은 합의부 판사들이 들어왔습니다. 법정 안이 갑자기 엄숙한 분위기로 조용해 졌습니다.

"일동 기립!"

법정 안의 죄수는 물론 방청객들도 모두 일어서서 앞을 주시하며 심각하게 서 있습니다. 판사님들이 자기 자리에 앉았습니다.

"모두 자리에 앉으십시오."

우리는 모두 자리에 앉아서 다음 순서를 기다릴 때

"사건번호(事件番號) 몇 호 주민등록 번호와 이름을 말 하시오"

하면서 앞의 몇 부류의 재판이 끝난 후에 우리 여섯 명의 순서가 되었습니다. 판사가 우리 개인의 신분을 확인하고 금액 순서대로 선고를 내리는데 나는 그 중에서도 제일 금액이 적은 편이었습니다. 주임 판사가 판결문을 읽고 선고를 내립니다. 나의 이름을 부를 때 나는 한 대 얻어맞는 것 같았습니다.

"최현배 징역 1년을 선고한다."

이렇게 선고를 내리는 말을 듣고 내가 얼마나 혼이 났는지 모릅니다. 앞이 캄캄해 졌습니다. 그런데 몇 초의 시간이 지나고 난 후에 판사는 또 이렇게 말을 이어 나갔습니다.

"다만 초범이고 개정의 정이 있으므로 형(刑)집행을 2년 간 유예(猶豫)한다"

1년에 2년간 집행유예(執行猶豫)로 선고를 내리는 것이었습니다. 이 순간에는 정말 기쁜 순간이었습니다. 모두가 집행유예를 선고 받고 가뿐한 마음으로 감방을 다시 들어왔습니다. 해가 지도록 기다렸다가 밤 8시경이 되어서야 출감의 시간을 맞았습니다. 남아 있는 미결수(未決囚)들한테 빨리 나오라고 위로하고 열리는 철문으로 교도관을 따라 나왔습니다. 가족들은 바깥 철문 앞에서 기다리고 있었습니다.

저녁 시간에 가다(콩)밥을 마지막으로 먹은 후 다시 들어가서는 안 될 하얀 벽돌담의 소리도 요란한 철문을 나왔습니다. 진정으로 긴 호흡(呼吸)을 해 보았습니다. 출감하는 날 그 때의 나의 심정은 기쁨보다는 말할 수 없는 공허함 때문에 괴로웠습니다.

나와 일행들은 가족들이 준비한 두부 한 모씩을 받아먹고 다시는 이곳에 오지 말아야겠다고 다짐을 하였습니다. 그리고 그 하얀 벽 돌담 적막이 감돌고 삶이 정지된 그 곳 마산 형무소를 뒤로 하고 마산 시내로 와서 마산 시내(馬山市內)의 어느 여관에서 밤을 보낸 후 다음 날 아침 집으로 왔습니다. 오면서 길가 주위 보리밭의 색깔이 누런 색깔로 변하여 있었기에 보리밭이 왜 저렇게 되었느냐고 물어보았더니 보리가 한파(寒波)에 의해 얼어 죽은 것이라고 하지 않겠습니까? 나는 그 말을 듣고 깜짝 놀랐습니다.

감방 안에서는 그렇게 추운 줄 몰랐는데 지난 겨울에 무서운 추위가 있었다는 것을 나와서야 알았습니다.

보리는 물론이고 밀감나무까지 얼어 죽는 엄청난 겨울 한파(寒

波)였습니다. 몇 개월 만에 집으로 내려온 나는 당분간 쉬면서 몸의 피로를 풀고 안정을 찾은 후에 다시 선망 운반선으로 승선하기 위해 준비하였습니다.

선망 운반선(運般船)

일출봉에 해가 뜨고
한라산 정상에
운해가 감돌 때
우도를 돌아 백도를 향해
파도를 헤치며 가는 선망 운반선
하얀 파도가 허공을 날고
소용돌이의 구름은
폭풍우를 몰고 해를 가린다.
낭만의 해조곡이
비바람 속으로 사라지고
수마의 입은 세찬 풍랑과 함께
만선의 운반선을 덮친다.
기관소리가 안간힘을 다해
가쁜 숨을 몰아쉬는데
애달픈 갈매기만 처량하게 우는구나.
항로를 지키며 꿋꿋하게 서 있는

거문도의 등대야!

선망 운반선은 부산으로 간다.

고등어 만선 싣고 부산으로 간다.

오늘은 풍랑으로 고달픈

영혼들이지만

내일은 낭만의 잔잔한 바다 위에

희망의 해조곡은 다시 울겠지.

11. 시립병원 무 보호자 병실

내가 산을 향하여 눈을 들리라 나의 도움이 어디서 올꼬 나의 도움이 천지를 지으신 여호와에게 서로다(시 121:1-2)

어리석고 미련한 것이 인간이기에 자기의 앞길을 알지 못하고 세상을 살아가는 인생길에도 사람을 미치게 하는 것에도 술이 또 한 몫을 했습니다. 옛사람들의 말을 들어보면 사람이 어디 믿는 곳이 있어야 하고 돌보는 구석이 있어야 사는 것이 편하다고 했습니다.

그러나 나에게는 나를 돌보아 주는 곳은 어느 한 구석도 없었습니다. 삶의 기로에서 안간힘을 써 보았지만 돌아오는 것은 고통(苦痛)뿐이었습니다. 유치장에서 형무소로 인생 밑바닥을 체험했던 나는 다시 선망 운반선에 재(再)승선(乘船)하기로 결심하고 승선할 시기만 기다리고 있었습니다.

이번에는 배를 승선하면 복잡한 기관 기술을 배워서 기관장이 되는 것보다 항해 기술을 배워서 선장이 되는 것이 더 나을 것 같았습니다. 그런 생각을 가진 얼마 후 오랜 기간을 기다리지 않고 운반선 갑판부로 승선하는 기회(期會)를 얻었습니다. 갑판부로 승선하여 선장의 꿈을 간직하고 갑판원으로서 맡겨진 일에 힘을 다하여 열심히 일을 배우기로 각오(覺悟)하였습니다. 먼저 항해 계기인 나침판의 360도의 방위와 항해등과 레이더와 s s b 무선호출기 해도 보는 법과 해도에 잣대를 대는 것과 재는 것을 배웠습니다.

　기관 부서보다 훨씬 간단하고도 위엄이 있었고 재미있었습니다. 당직 시간은 한 시간 정도 배를 운전하는데 날씨가 잔잔할 때는 운전하는 것이 잠이 올 정도로 지루하지만 바람이 불고 높은 파도가 밀려올 때면 키를 운전하는 것이 그리 쉬운 일이 아니었습니다.

　정신을 차리고 파도를 받아가면서 키를 운전해야 합니다. 파도가 선수를 향하여 달려들어 덮칠 때는 배의 선수는 키의 방향대로 가지 않고 파도의 힘에 밀려 선수가 돌아갈 때도 있습니다. 이럴 땐 빨리 키를 조작하여 배의 선수를 항해 코스로 맞추어야 합니다.

　이 때 키 조작이 빨리 되지 않고 선수를 파도에 빼앗기면 위험한 조난 사고까지도 날 수 있기 때문에 정신 차리고 키 운전 조작에 임해야 된다는 것을 알았습니다. 내가 갑판원으로 승선 했을 때 본선 조업장은 일본의 미시마 근해 공해(公海)상이라고 했습니다. 이곳 해상은 바람이 불면 매우 골치 아픈 해상이었습니다.

　심한 폭풍이 불어오기 시작하면 몇 시간을 항해해서 부산이나 부산과 가까운 안전한 곳으로 찾아가야 합니다. 그렇지 못할 때는 모든 본선과 운반선들은 물돛을 투하하여 바람과 파도를 이겨내기도 합니다. 그리고 망망대해에서 본선을 찾아 항해를 하다보면 거친 풍랑은 보통으로 만나고 위험한 상황도 자주 벌어지곤 했습니다. 이렇게 파도를 만나 고생하면서 부산항에 들어오면 모든 선원들은 녹초가　됩니다.

그 시절에는 선단들이 미시마 공해상에서 차츰차츰 고기의 이동에 따라 대마도 근해로 이동을 하면서 조업(操業)장을 옮기게 됨을 알았습니다.

대마도 공해상에서 고기가 잡히지 않으면 전파 탐지기로 이 넓고 넓은 바다를 누비면서 어느 지역 어느 해구든지 어탐에 몰두합니다. 그러다가도 고기가 어탐기에 포착되면 즉시 투망하고 양망하고 또 다시 어탐으로 연결되어 고기를 찾아서 조업에 임하는 선원들이었습니다.

작업을 하다가도 뜻하지 않게 악화된 기상 때문에 작업이 불가능할 때 가까운 항구로 피항하면 즐비한 술집들이 온갖 웃음으로 선원들을 유혹하고 따뜻하게 맞이할 때 선원들은 자기도 모르게 그 유혹에 넘어가고 맙니다.

여자의 정에 굶주린 마도로스들이 아닙니까? 배에서 내린 선원들이 어슬렁어슬렁 술집으로 행하는 것은 당연지사고 자리를 잡고 앉아 아가씨들의 아리따운 손으로 따라주는 그 술 한 잔은 고달픈 선원생활의 시름을 달래주리라.

이 시간이야말로 마도로스들은 순간이나마 자신들의 바다에서의 속박을 잠시 잊어버리고 젖어오는 정취와 풋사랑의 애무로 인해 즐거운 시간을 허락받은 유일한 시간이 바로 이 시간일 것입니다. 이 깐드러지고 황홀한 시간은 마도로스만이 즐길 수 있는 정겨운 사랑의 정이 몰려왔다 몰려가는 바다의 교향시인 것입니다.

대마도 상 하단을 멀리서 보면 제법 경치가 좋아 보입니다. 전망이 아름다워 보이는 곳도 있는데 기회가 되면 가보고 싶었던 곳이었습니다. 선단의 조업은 어장이 형성되는 서쪽 방향으로 옮겨가면서 제주도 근해를 향하여 모든 선단들이 자기의 나름대로 어탐을 하며 고기를 찾아가고 있었습니다.

어탐을 하면서 거제도 남쪽 홍도를 지나가면 그 수많은 갈매기들이 둥지를 틀고 알을 부화(孵化)하는 안식처로 유명합니다. 그래서 그 홍도를 갈매기 섬이라고 부르고 있으며, 갯바위 낚시로도 유명하여 거제도나 통영 지역에서 많은 낚시꾼 배들이 몰려오며, 갈매기에게도 인기가 높은 섬입니다.

홍도를 지나 제주도로 가면서 북서쪽으로 항해를 하다보면 거제도 매물도 등대를 확인하고 거문도 근해를 어탐하기 위해 남서쪽으로 방향을 바꿔 내려가면 천예절경의 상 하 백도를 만납니다. 이렇게 선망 수산업의 선단들은 남해안을 두루 휩쓸고 다니면서 고기를 잡고 관광의 절정에도 이르고 있었습니다.

본선들이 고기를 따라 조업장이 제주도 연안에서 이루어지고 있었습니다. 제주 해역에서 조업을 하다 보니 제주 성내나 서귀포나 성산포 항으로 자주 입항하여 시간이 있는 대로 관광을 할 수 있었습니다. 성산포 앞 우도를 지나서 서귀포 칠십 리를 돌아 산방산 구경을 하고 가파도와 마라도를 돌아서 비양도 한림을 지나 제주 시내에 들어가면 삼성혈, 5.16 도로, 도깨비도로, 만장굴, 협재굴, 용두암, 서귀포 식물원 등 제주도의 이름난 관광지를 시간의 여유가 생기는 대로 한 곳 한 곳 구경할 수가 있었습니다.

무심한 세월에도 나에게 진급을 하는 경사가 생겼습니다. 나는 갑판원으로서 부지런히 일했기 때문에 그 능력을 인정받아 갑판원 생활 2년 여 만에 갑판장으로 진급하는 영광을 얻었습니다. 이제는 중간부로서 선장을 향하여 한 계단 더 올라선 것입니다. 갑판장이 된 나는 선내의 모든 일을 선원들보다 먼저 솔선해야 했습니다.

그러니 중간부의 위치는 대단하고 약방의 감초고 그 책임 또한 무거웠습니다. 밀수로 인해 형무소에서 출감한 후에는 한동안 선원 생활을 무난히 하고 있었기 때문에 지난날들을 잊은 채 평안의 날도 있고 즐거운 날도 있구나 하는 생각이 들었습니다.

물이 넘실대는 바다에서 높은 폭풍과 파도가 몰아칠 때마다 금방 선체를 덮칠 것 같은 위험에서 '엄마!' 하고 애처로운 모습으로 초라해지던 자신들을 돌아보고 무서워하던 선원들, 그 순간순간을 상상해 보면 지금의 내가 살아있음에 감사하고 있습니다. 하나님은 인간들을 향하여 위험과 평안을 반복하며 인내의 삶을 주었으니 나에게도 이러한 인내의 삶을 주셨음을 믿습니다.

이러한 위험 속에서 가정과 자식을 위하여 자기 한 목숨 아끼지 않고 시퍼런 물 위에서 고생하는 남편과 아버지를 둔 가족들은 애처롭고 불쌍한 이 현실을 알기나 할까?

하지만 변화무쌍한 바다가 때로는 호수같이 잔잔할 때도 있습니다. 그 때는 두둥실 떠가는 배 위에 아름다운 미래와 낭만의 꿈을 싣고 기름칠을 한 것 같은 바다 위를 하얀 물살을 가르며 나아갑니다. 그럴 때는 좁은 선내지만 가슴이 부풀어 더 넓은 광야로 뛰어가고 싶은 충동을 느낄 때가 한 두 번이 아닙니다.

넓은 바다 한가운데 홀로 자리 잡고 있는 섬들의 절경은 육지에서 맛보지 못한 그 자연의 아름다움을 어찌 말로 형용 할 수 있으랴. 특히 청산도 바깥에 위치한 여서도 섬의 주민들은 더욱 신기한 집을 짓고 살고 있었습니다. 지붕은 얇은 돌로 된 구들장으로 지붕을 씌우고 살아가는 구석기 시대 사람들의 생활상을 보여주고 있었습니다. 참 재미있는 삶의 표본이었습니다.

날씨가 따뜻한 봄, 여름, 가을은 선박 생활에 크게 어려움이 없었지만 겨울만은 다릅니다. 온 바다가 하얀 수증기의 찬 기류로 덮여져서 물안개가 자욱이 피어오를 때에는 형용할 수 없는 두렵기조차 할 때가 있는 겨울의 바다입니다. 모두가 잠든 야간 항해 시간은 조용한 고독의 밤입니다. 청명한 하늘의 반짝이는 별을 따라 눈을 돌려보면 고독의 시간도 별 따라서 흘러가고 있었습니다.

새벽 당직을 교대하면서 한 대의 담배로 정신을 가다듬는데 새벽에 홀로 우는 기관소리는 어둠 속에서 밤의 적막을 깨고 파도를 받으며 달려가는 운반선은 본선의 조업(操業)장을 향해 기관소리도 요란하게 어두움을 헤쳐가고 있었습니다.

키를 잡은 조타수는 시선을 앞으로 집중하여 지나가는 모든 물체들을 확인하면서 키를 운전하고 있노라면 레이더의 안테나 영상 빛만이 어둠 속에서 돌아갑니다. 이 시간 조타실에는 라디오에서 흘러나오는 유행가의 곡조가 잠시나마 내 마음에 평안의 위로를 안겨주는 시간이 됩니다.

새벽에 불어오는 매서운 찬바람은 선체를 얼어붙게 하고 갑판위에 비치는 달빛은 선적하고 남은 얼음에 반사되어 전방을 주시하는 나의 눈에 비치고 있었습니다. 저 멀리 산 밑 해안선에서는 희미한 불빛을 깜박이며 졸고 있는 몇 척의 배들은 외로움에 떠 있었고 서쪽으로 넘어가는 새벽달도 졸면서 지고 있었습니다.

그러나 고기를 찾아 바다 위에서 파도와 싸우며 뜬눈으로 지새면서 그 고독과 위험도 잊은 채 대형 선망회사의 고용자들은 세상이 잠들어 적막이 흐르는 제주 해협에서 오늘밤도 분주한 밤을 보내고 있었습니다.

그리고 아무런 부담 없이 마도로스들은 육지의 세상과는 별 볼일 없는, 고지식하며, 억세고, 강하며, 착한 바다의 사나이들임을 자부합니다. 그리고 넘실대며 밀려오는 파도 위를 달리는 배 위에서 시간에 매여 하루하루의 삶을 수십(數十) 길의 물 위에서 보내는 마도로스들은 고독한 삶 그 자체였습니다.

특별히 운반선의 장점은 자기 항차 순서가 아니면 본선과의 무선연락만 취하면서 가까운 항구로 들어가서 정박하고 시간을 보냅니다. 바다의 소금 냄새를 풍기며 선술집 아가씨들이 따라 주는 술 한 잔으로 고독의 피로를 풀며 마음껏 놀고 즐기다가도 언제라도 본선이 호출하면 어디든지 달려가서 고기를 싣고 부산으로 회항(回航)해 가는 선단의 운반선은 아름다운 로맨스를 즐기면서 소중한 삶의 고통도 잊고 뱃전에 기대어 추억을 쌓아가고 있습니다.

그러나 또한 운반선의 단점이라면 고기를 선적하면 어지간한 폭풍에는 항해를 해야 하는 것입니다.

선망 선단들은 남해의 연근해 해역의 공해상으로 어군을 탐지하며 어군을 따라 남쪽 동진아 해역까지 내려갑니다. 동진아 해역은 중국 양자강과 가까운 지역이기 때문에 수심이 얕아서 바람이 거세지 않더라도 높은 파도는 늘 일어나는 곳입니다.

1978년대를 전후해서 서귀포 마라도 남남서쪽(ssw)으로 100마일-120마일의 동진아 해상에서 부세라는 고급 어종이 많이 잡히던 겨울철이었습니다. 이 어종은 조기 과의 어종으로서 맛이 담백하고 가격이 비싼 고급 어종이었습니다.

부세는 그물에 받치면 부레가 튀어나와 물 위에 둥둥 떠내려가는 것이 참 신기합니다. 그리고 한 선단이 투망을 하면 온 바다 위가 누런 쌀겨를 풀어놓은 것처럼 누런색을 띤 채 떠내려가는 아까운 현상들이 일어나곤 합니다.

이렇게 임자 없는 부세가 떠내려가는 것을 건져 올리기 위해 주위의 타 어선(他 漁船)인 모든 선박들이 모여서 쪽지를 가지고 부세를 주워 올립니다. 물 위에 떠내려가는 이 부세를 주워 많은 수입을 올리는 선박들도 있었습니다. 그 당시에 부세 한 마리면 담배 한 갑 가격이었으니 수입이 짭짤했습니다.

그러기 때문에 많은 선단들이 동진아 해역으로 진출하여 어획고를 올리고 있었던 것입니다. 우리 본선도 다른 선단과 함께 동진아 현장으로 내려갔습니다.

이 해에는 문창 72호에서 동아 39호로 회사를 옮겨서 승선하고 있었습니다. 며칠 동안을 동진아 해(海)에서 어탐을 하던 본선은 폭풍 주의보가 내려진 가운데서도 투망을 하는 것이었습니다. 바람은 불지만 그래도 서귀포로 올라간다는 기쁨에 찬 선원들이었습니다. 우리 39호는 폭풍이 시작되기 전에 약 1,000상자의 부세를 선적하고 서귀포를 향해 올라오고 있었습니다.

풍향은 북동(NE)풍이었고 풍속은 15m의 속도로 파고 높이는 3-5m 라고 라디오에서 기상 방송을 하고 있었습니다. 해상에는 시간이 갈수록 바람은 거칠어지고 파고는 더욱 높아져서 동아 39호의 선수를 삼키고 있습니다. 파도가 배의 선수를 후려칠 때마다 선수는 물속으로 내려갔다가 올라오면서 물을 떠서 조타실 창문에 후려치면 앞의 시야는 아무것도 보이지를 않았습니다. 이 때 배는 덜덜 떨면서 시야가 확인이 될 때쯤 되면 또 다시 배의 선수는 물속으로 내려갑니다.

이렇게 사선에서 사투를 벌이며 전 선원들은 모두가 긴장되어 선원들의 얼굴은 굳어지고 눈의 초점은 밀려오는 파도를 향하여 응시하며 위급한 상황을 접하고 있습니다. 잔잔하고 조용한 바다 위에서 갑판에 드러누워 노래하며 뱃전을 두들기고 즐기다가도 일 년에 몇 번은 폭풍을 만나 이렇게 혼줄이 납니다. 무서운 기세(氣勢)로 변한 높은 파도와 세찬 바람은 배와 선원들을 불안의 도가니로 몰아가며 덤벼들었습니다.

"갑판장 키 잡아라"

갑판원이 잡고 있던 키를 선장의 명령으로 갑판장인 내가 받아 잡았습니다.

"파도를 선수 10도-15도 방향으로 키를 잡아라!"

선장은 앞을 주시하면서 명령을 내렸습니다. 폭풍 속에서는 배 선수의 방향이 매우 중요합니다. 선체는 좌우로 위험한 롤링과 피칭을 하면서 파도를 받아가며 물속을 들어갔다가 다시 물속에서 올라와 또 다시 물속으로 들어가고 기관 소리도 안간힘을 쓰면서 제주 서귀포를 향하여 달려가고 있었습니다.

동진아 해에서 낮 12시에 출발하여 폭풍 속을 헤치면서 올라오는데 해는 벌써 넘어가고 캄캄한 야간 항해를 해야 했습니다. 시야에는 아무것도 보이지 않고 파도만이 하얗게 뱃전에서 부서집니다. 주위를 둘러보았더니 몇 척의 선박 항해 등(船舶 航海 燈)이 폭풍의 파도 속에서 보입니다. 레이더 영상에 안테나만이 빙글빙글 돌아가고 있었습니다. 그때 레이더 48마일 거리에서 제주도의 물체가 잡히고 있었습니다.

"갑판장 제주도가 확인이 되나?"

"예, 48마일 지점에서 확인이 됩니다."

"레이더 상에서 코스 자차가 있나?"

"예, 자현 5도(N쪽)정도 쳐져 있습니다."

"그러면 5도 우현으로(NE쪽) 코스 정정해라."

약 2시간 후에 레이더 영상거리 24마일에서 마라도가 확인이 되면서 마라도 등대가 깜박이는 것이 보였습니다. 앞으로 약 3시간 정도 항해를 더하면 서귀포에 입항할 것이라는 생각이 들지만 동아 39호는 여전히 무섭고 위험한 곡예를 하면서 그 높은 파고 속을 헤쳐 나갑니다. 이런 곡예의 항해를 장장 12시간의 긴 시간 끝에 제주도 서귀포에 입항하여 안도의 한숨을 내쉬고 선원들은 평안의 시간을 보냅니다.

사선(死線)에서 고생을 하다가도 싱싱한 회와 소주 한 잔에 선원들은 모든 피로를 잊습니다. 그리고 다시 즐거움으로 돌아가는 삶이 마도로스의 멋진 삶입니다. 이런 즐거움이 있기에 선박 생활의 위험과 고독의 파노라마가 펼쳐져도 파도와의 사투를 위해 몸에 힘을 재충전하여 파도와의 전투에 임하는 것이 그들만의 생존 법칙이었습니다. 선망 본선에서 잡아 올리는 고등어 회는 먹어보지 않으면 그 맛을 모릅니다.

금방 잡아 올린 고등어를 썰어 얼음에 담가두었다가 기름을 뺀 후 초고추장으로 회덮밥을 해 먹으면 둘이 먹다가 하나 죽어도 모르는 일미 중의 일미입니다. 또 봄가을로 많이 잡히는 방어의 싱싱한 회는 육지 사람들이 어찌 그 맛을 알겠습니까?

그러나 지금은 옛 진미의 회 맛으로만 남아있습니다. 먹는 문화도 아름답고 즐겁고 기분 좋은 것이니 하나님 섬기며 열심히 일하고 열심히 먹는 것이 좋습니다. 하나님께서 주신 사람의 연수는 70이요 강건하면 80이라고 하셨습니다. 하나님을 믿으면 이 말씀을 알게 될 것입니다. 나 역시 예수를 믿고 난 뒤에야 알았습니다.

내 영혼을 소생시키시고 자기 이름을 위하여 의의 길로 인도 하시는 도다. 내가 사망의 음침한 골짜기로 다닐지라도 해를 두려워하지 않을 것은 주께서 나와 함께 하심이라. 주의 지팡이와 막대기가 나를 안위하시나이다. 나의 평생에 선하심과 인자하심이 정녕 나를 따르니 내가 여호와의 집에 영원히 거하리로다(시 23:3-4,6).

78년 여름이 지나갈 무렵이었습니다. 어군이 형성이 되지 않아서 선망 본선들은 이 해구 저 해구로 어탐을 하면서 이동하고 있었습니다. 우리 운반선은 본선을 따라 지루하게 따라다니다가 약 보름(15일)만에 고기를 싣고 부산으로 입항하였습니다.

보름 만에 육지에 발을 디딘 우리들은 자갈치 문창수산 얼음공장 앞에 배를 접안하여 얼음 선적 준비를 마치고 오랜만에 부산 자갈치 시장의 사람 사는 모습들을 볼 수 있었습니다. 자갈치 시장은 언제나 많은 사람들로 복잡합니다. 시장에서 벌어지는 전경들을 보고 있노라니 슬슬 발동이 걸리는 것을 억제하지 못했습니다.

조기장과 갑판원 한 사람과 나 이렇게 세 사람이 당을 지어 옆에 있는 선술집으로 가서 오랜만에 소주 3홉들이 한 병을 세 사람이 나누어 마시고 발동이 걸렸습니다. 모처럼 입안으로 술이 들어간 우리 셋은 남포동 육교를 건너서 광복동 거리를 돌아다녔습니다. 우리는 오랜만의 시내 구경이라 이리저리 다니면서 극장 간판이나 구경하다가 2차로 한 잔 더하고 다시 남포동 육교를 건너오고 있었습니다.

그런데 일행들과 함께 그 육교를 다시 건너서 내려오는 첫 계단 난간에 발을 디딘 것 같은데 여기서 부터는 완전히 필름이 끊겼습니다. 필름이 끊어졌던 나는 계단에서 어떻게 떨어졌는지 그 후로 일어난 것에 대해서는 한 가지도 기억을 하지 못하였습니다. 어떻게 되었는지 알 수 없었지만 어쨌든 내가 꿈을 꾸고 있었습니다. 어느 때인지 갑자기 산 밑에 있는 내 앞에서 수많은 군인들이 철모를 쓰고 총을 쏘며 산 위 고지를 향해 올라가고 있었습니다.

'아이쿠! 전쟁이 일어났는데 어찌 하노!'

피할 곳을 찾아 도망을 가려고 하는 순간 갑자기 내가 서 있는 옆쪽에서 총소리와 폭탄 터지는 소리에 깜짝 놀랐습니다. 그리고 눈을 뜨면서 정신을 차리고 보니 내가 꿈을 꾸고 있었습니다.

‘아- 꿈이었구나’ 하고 눈을 떴습니다. 그리고 사방을 둘러보았습니다. 눈앞에 보이는 것은 사방이 흰 벽이었습니다. 깜짝 놀랄 수밖에 없었습니다. ‘아니, 지금 내가 어디에서 자고 있지’ 하며 분위기가 이상해서 주위를 살펴보니 링거가 달려 있고 내가 침대에 누워 있었습니다.

두 번 놀라고 있었습니다. ‘이게 도대체 어찌된 일일까’ 하고 일어나려고 하니 몸이 말을 듣지 않았습니다. 옆으로 둘러보니 두 사람의 환자가 누워 있는 것이 보였습니다. 너무나 어처구니가 없어 옆에 누워 있는 환자에게 여기가 어디냐고 물어보았습니다. 옆 환자의 대답은 부산 시립병원 무 보호자 병실이라고 하지 않겠습니까?

병원이라니 정말로 어이가 없었습니다. 몸이 지끈하게 아픈데 이마에 이상한 무엇이 붙어 있는 것 같아서 손으로 만져보니 가제에 반창고가 붙어있었습니다. 너무나 어이가 없고 기가 막혔습니다. 어떻게 해서 왜 이 병원에 누워 있고 어디에서 내가 다쳤는지 도무지 알 수가 없었습니다. 같이 갔던 선원들은 어디로 갔으며 또 배는 출항을 하였는지 궁금했습니다. 영문도 모르고 누워서 걱정을 하고 있는 중에 간호사가 들어왔습니다.

“간호사 선생님 내가 왜 여기에 있습니까?”

간호사의 대답은 나를 더욱 황당하게 했습니다.

“아저씨가 술에 취해서 정신을 잃고 여기 병실에서 엄청난 난동을 부렸어요."

　하는 것이 아니겠습니까? 남포동 파출소에서 응급차로 싣고 왔으니 파출소에 가서 알아보라는 것이었습니다. 이 말을 들은 나는 곰곰이 생각해 보았습니다. 남포동 육교 위 계단까지 간 것은 생각이 났습니다. 그 이후로는 아무것도 생각나지 않았고, 술은 소주 몇 잔 마신 것 밖에는 생각이 나지 않았습니다. 그런데 소주 몇 잔 마신 알코올이 나의 뇌를 완전히 못쓰게 만들어 정신을 잃게 하였던 것인가.

　간호사의 말을 들은 나는 도무지 믿기지 않았습니다. 즉시 병원을 나와서 남포동 파출소로 가기 위해 시립병원 위치가 어디인 줄도 모르고 무조건 남포동으로 가는 버스를 탔습니다. 광복동 입구에 내려서 남포동 파출소로 가기 위해서는 남포동육교를 건너야 합니다. 육교 건너편까지 가서 그곳 난간에서 아래로 내려다보니 어지러워지는 것을 느꼈습니다. 내가 만약 여기에서 아래로 떨어졌다고 하면 살아날 방법은 없는 것 같았습니다. 내가 여기 육교 위에서 다이빙을 했다는 것은 꿈에도 생각하지 않았습니다.

　파출소는 육교에서 얼마 떨어져 있지 않았습니다. 급히 파출소에 들어갔습니다. 두 사람의 순경이 있었는데 이 중에 한 사람이 나를 병원으로 후송했다는 순경이었습니다. 나를 병원으로 후송했다는 그 순경의 말에 의하면 내가 육교에서 떨어져 정신을 잃고 누워 있는 것을 사람들의 신고로 시립병원으로 후송하였다고 합니다. 정말로 내가 저 육교에서 떨어진 것이 사실임을 확인했습니다.

믿기지 않은 얼굴로 순경을 쳐다보았습니다. 저 육교에서 떨어졌다면 내가 죽지 않고 살아있는 것만 해도 기적이고, 다쳐도 많이 다쳤을 것입니다. 그런데 내가 어찌해서 이렇게 멀쩡하게 살아 있습니까? 나는 아무생각 없이 멍하니 서 있었습니다. 그 순간에 순경이 한 마디를 합니다.

"당신 죽지 않고 살아 있는 것 보니 정말 천만다행이요. 앞으로 술 조금씩 마시고 조심 하이소. 이제 나가보이소."

순경의 말을 듣고 파출소에서 나왔습니다. 밖으로 나와 그 육교를 다시 한 번 더 쳐다보았습니다. 정말 입이 다물어지지 않았습니다. 저 높은 육교에서 내가 떨어졌는데 이렇게 살아있는 현실에 놀라지 않을 수 없었습니다. 사망 아니면 중상에 이를 수 있었기 때문이었습니다.

그러나 크게 다친 곳은 없었고 오른쪽 이마에만 상처가 나서 일곱 바늘 정도 꿰맨 것이 전부였습니다. 술이 또 나를 이렇게 만들었습니다. 술이라는 존재가 내 인생을 망치고 있었지만 그래도 술이 좋았으니 어찌 합니까? 어찌 되었던 간에 이 엄청난 사고는 천지신명이 도왔고, 조상이 도왔다고 그 분들을 고맙게 생각하며 또한 믿고 있었습니다.

그 때는 하나님이 붙들어 주셨다는 것을 알지 못하였고 생명을 보존한 것은 오직 우상들의 도우심이리라고만 생각했습니다. 이렇게 이마에 표를 붙이고 있으니 주위가 부끄러워 어디 마음 놓고 다니지를 못하였습니다. 여기에다 배까지 놓치고 말았으니 걱정과 불안이 한꺼번에 밀려왔습니다. 다행히도 현장으로 나가는 회사 운반선이 있어 분선(分船)하여 배에 올라 갈 수가 있었습니다.

배에 올라가서 조기장 일행들한테 내가 어찌 되었냐고 물어보았습니다. 그들은 내가 이런 사고를 당한 줄도 전혀 모르고 나 혼자 다른 곳으로 간 줄 알았다고 합니다. 말이 되는 소리를 해야 알아듣고 이해를 하지요. 그렇다고 사람을 찾아보지도 않고 자기들만 배로 승선(乘船)하여 출항을 하였다고 하니 기가 막힙니다.

참! 아무리 복잡한 거리라고 할지라도 엄청난 사고가 일어났는데 바로 옆에 있었던 사람들이 몰랐다는 것은 너무나 냉정했습니다. 조기장 일행과 선원들에게 내가 남포동 육교에서 떨어져 있는 것을 주위 사람들이 신고하여 남포동 파출소에서 시립병원으로 후송되어 갔다가 치료받고 나왔다는 사실을 이야기 했더니 그들은 겉으로는 놀라는 모양을 하였습니다만 사실은 믿을 수 없는 모양입니다.

나의 이마에는 지금도 그 때의 사고로 인한 흉터가 남아 있지만 정말 기적이 아닐 수 없었습니다. 나는 이 사고에서 기적적으로 살아난 것은 우연한 사고라거나 또는 운수가 좋았다고 간단히 생각하지 않습니다. 하나님께서 나의 이 불쌍한 영혼을 너무나 사랑하셨으므로 버리시지 않으시고 사망의 음침한 골짝에서 주의 지팡이와 막대기로 안위하셨으며 어두운 사탄의 시험으로부터 지켜주셨고 나의 생명을 보호해 주셨다고 믿음으로 확신합니다.

　하지만 이런 엄청난 사건에도 이 불쌍한 영혼은 깨닫지를 못하였고 온갖 죄악의 길에서 허둥대고 있었으며 인간의 덕도 없는 나는 삭막한 세상의 바닥에서 독수리 날개 치듯 오르고 싶은 욕망으로, 열정으로, 삶의 책임만으로 발버둥 쳐보았지만 인간만사 내 뜻대로 되는 것이 하나도 없었습니다. 하나님의 감찰하시는 모든 역사는 인간이 감당하기에는 너무나 연약했고 부족하였으며 인간이 생각 못한 하나님의 방법은 크고 오묘하고 아름다운 것이었습니다.

'이 불쌍한 영혼이 진작 예수그리스도를 영접했었더라면……'

12. 불편해지는 다리

육교 사건을 겪고 난 후 한동안 뜸했던 내 인생의 평안은 차츰 어둠의 안개 속으로 또 들어가고 있었습니다. 한창 계절풍(季節風)으로 인해 추위가 극성을 부리고 전 해상에는 기상특보(氣象特報)가 발효(發效)되어 조업(操業)은 엄두도 내지 못하던 1980년 3월이었습니다.

늦추위의 북서(NW)계절풍은 삼한사온을 무시하고 제주도의 3월을 추운 한파로 얼어붙게 했던 그 해에 선망 본선(船網 本船)들은 동진아 해상에서 닻을 놓고 한 달이 넘게 기상특보(氣象特報)가 해제(解除)되기만을 기다리고 있을 때였습니다. 내가 승선하고 있던 동아 39호는 물론 그 쪽 해상에 있던 다른 모든 선박들은 제주도 마라도 안쪽 화순 항에 정박하고 있었습니다.

그 때의 삭막한 겨울 바다의 마라도는 북서계절풍에 부딪쳐서 찬 바람에 의한 파도는 하얗게 바람에 휘날리는 멋진 풍경을 연출하고 있었습니다. 회초리 같은 매서운 찬바람을 산방(訓謗)산이 막아 방패막이가 된 화순 항은 조용하고 따뜻하여 겨울바람의 피항지로서는 유일한 항(港)이었습니다.

기상악화(氣像惡化)의 덕택으로 약 한 달이 넘도록 할 일 없이 선실에서 소주(술)를 마시며 화투치고 시간을 보내다가 서귀포와 모슬포를 쏘다니며 지루한 시간을 보내고 있던 어느 날이었습니다. 이 날도 답답한 시간을 보내기 위해 서귀포 관광을 즐기기 위해 선원들과 함께 걸어가던 중이었습니다. 걸어가던 중에 이상하게 왼쪽 다리가 아프지도 않는데 힘이 없어지면서 이상을 보였습니다. 몇 발자국 뛰어보아도 발이 마음대로 나가지를 않았습니다.

시간이 지나도 왼쪽 다리는 여전히 회복이 되지를 않았습니다. 걸을 때마다 신발이 벗겨지고 걸음을 걸을 수가 없습니다. 순간 불안과 초조가 몰려오기 시작하였습니다.

작업 중에 일어난 증상이 아니고 관광 중에 일어난 증상이기 때문에 회사에서 치료를 해 주지 않을 것이라고 단정했습니다. 그냥 간단히 약만 복용하면 치료가 되리라 생각한 것이 평생 장애인이 될 줄을 누가 짐작이나 했겠습니까.

그 때 회사와 싸우면서라도 회사에서 치료비를 받아 치료했으면 치료가 가능했을까, 지난 일이지만 싸우지 못했던 이 모든 것이 하나님의 뜻이었다면 나의 힘으로는 불가능한 것이 아니었겠습니까?

기상특보는 한 달이 다 되어서야 해제(解除)되어 작업에 임하였지만 음력 2월 15일 월명(月明)시의 휴업기간(休業期間)이었고 또한 선원들의 일 년 고용계약이 끝나는 달이기에 모든 선망 선단들은 작업을 중단하고 부산항으로 귀항(歸港)하였습니다.

다른 동료 선원들은 일 년 고용계약을 종료하고 그 다음 고용계약을 위해 모두가 동분서주했지만 나는 다리치료를 위해 하선하여 일단 집으로 내려와야 했습니다.

1980년 3월에 우리 막내 경환이가 태어나서 기쁜 날이었지만 기쁨도 잠시 다리 때문에 힘겨운 나날들을 보내야 했습니다. 이런 희비가 엇갈리는 와중에도 아버님이 병환으로 쓰러지셔서 육신의 고통 속에서 고생하는 아들한테서 당신의 손자가 태어나도 임종의 그늘 아래서 힘없는 시선으로 손자를 쳐다보시던 우리 아버지의 그 모습은 너무나 불쌍하고 안타까웠습니다. 이 순간 인생무상(人生無常)은 아버지의 모습에서도 바라볼 수 있었습니다.

성경에 이런 말씀이 있습니다.

전도자가 가로되 헛되고 헛되며 헛되고 헛되니 모든 것이 헛되도다(전 1:2).

아버님의 마지막 모습들을 다시 생각해 보면 지금도 나의 가슴 한 쪽에 불효한 아들의 죄의식이 자리하고 있습니다. 상황이 그렇다보니 가장 고생하시는 분은 바로 우리 어머님이었습니다. 자식의 병 수발에 지친 몸을 위해 보약 한 재도 못 잡수신 채 이번에는 아버지 병 수발에 너무나 많은 고생을 하셨습니다.

나는 아직 힘이 돌아오지 않는 다리를 수술할까 하고 생각하였지만 그 당시의 의술로는 척추수술이 위험하기 때문에 함부로 수술을 하면 안 된다는 주위의 권고도 있고 해서 일단 수술을 보류 했습니

다. 그래서 침(針)과 한약으로 치료를 해 보았지만 이 한방치료도
크게 효과를 보지 못하였습니다.

그래서 여러 가지 생각으로 고심하다가 그래도 이번에는 통증은
없었기 때문에 나중에는 어떻게 될지라도 다시 배에 승선하기로 하
여 같은 회사 운반선 갑판장으로 고용계약을 하였습니다. 몸은 비
록 성치 않아도 하나님께서는 갑판장으로 승선할 수 있도록 도와주
신 것 같았습니다.

기왕 배를 탔으니 언젠가 운반선 선장은 꼭 하고 하선 할 것이라
는 희망을 가지고 갑판장의 직무에 열심히 일을 했습니다. 강한 마
음과 인내와 투지로 사선을 넘나들 때는 고달프고 힘이 들지만 때
로 잔잔한 바다 위를 항해할 때는 달음질치는 구름을 바라보고 추
억을 만들고 있었습니다.

파도에 몸을 맡긴 채 스멀대다가도 수평선에 노을이 살아질 때는
항구의 아가씨들이 따라주는 술과 장단을 즐기면서 오로지 맡은바
갑판장의 책임과 임무를 다하면서 모든 선원들을 따뜻한 마음으로
감싸 안고 중간부로서의 면모를 보여줍니다.

제주도 성산포로 항해 중에 소리도 등대를 확인하고 방위를 확인
시킨 후 당직자에게 인계를 하고 침실로 들어가서 잠을 청하였습니
다. 새벽에 다시 당직을 교대하고 일어나 레이더 물표 확인을 할
때는 성산포 우도가 선수(船首) 약 10마일 지점에서 확인이 되고
있었습니다. 그 시간에 성산포 항에 대기하고 있으라는 본선의 지

시로 우리는 성산포 항에 입항하여 전 선원들은 육지에 상륙하여 일출봉으로 올라갔습니다.

일출봉에는 99개의 쭈뼛쭈뼛한 돌로 이루어져 있고 가운데에는 움푹 패여 운동장같이 넓은 억새밭으로 되어 있었습니다. 선원들은 일출봉으로 올라가서 시간을 보내고 있다가 아래로 내려오면서 해녀들이 팔고 있는 전복, 해삼, 멍게 등을 그냥 지나칠 수가 없었습니다. 삥 둘러앉아서 해삼과 멍게로 소주 한 잔씩을 돌리고 나면 일출봉으로 올라갔던 모든 피로가 확 풀립니다.

선박생활은 선원들 간의 협동정신이 매우 중요해 모두가 마음과 뜻이 맞아야 하는 곳이 선원공동체 생활이었습니다. 선장과 갑판장의 지혜가 중요하므로 선내 모든 일은 갑판장이 솔선수범을 해야 하고 항상 지혜를 모아 선원들과 호흡을 맞춰야 하는 것이 갑판장의 역할이었습니다.

다리가 약간은 불편하지만 갑판장으로서 그 자질을 인정받아 선원들과의 호흡을 하는 데는 아무런 어려움이 없었습니다. 그러므로 일 년을 하루같이 즐거운 선원생활을 할 수 있었고 선원들도 갑판장인 나의 말에는 항시 동의(恒時 同議)하고 잘 듣고 따랐습니다.

1980년 한 해가 세월 속에 남아있는 미련을 안고 지나가고 있었습니다. 흘러가는 세월은 또 다시 새로운 한 해를 맞으면서 일 년의 고용이 끝이 나는 아쉬운 시간을 맞이하게 됩니다.

언제나 그렇게 한 것 같이 새로운 고용계약을 위해 각자가 작별

의 시간을 한 잔의 술로 지난 일 년 동안 고생한 회포를 풀고 그동안
의 잘못한 것들을 모두 이해하고 다음의 만남을 약속하며 아쉬운
마음으로 모두들 손을 잡고 헤어지는 시간이 다시 찾아왔습니다.

보 슬 비

안개 자욱이
 하늘에서 내리고
산을 덮어 올 때
 보슬비 소리 없이
대지 위를 적시네.
 저 산중턱에 봄의 전령이
희망 신고 온다고
 진달래꽃 손짓한다.
보슬비 너를 맞으며
 종달새 봄을 노래하고
봄소식 기지개 펴는데
 만물이 고개 들고
입맞춤 하는구나.

13. 대흑산도의 아가씨들

1981년 초여름 시골에서는 농번기로 인해 농사일이 한창인 5월 12일을 기해 이번에는 선망수협 삼협수산 305삼협호 항해사로 승선하여 고용계약을 맺었습니다.

항해사로 승선하는 여기에서도 하나님의 은혜가 역사하셨음을 믿습니다. 감히 어느 누가 장애가 있는 나에게 중책을 맡기겠습니까? 내가 잘해서 항해사로 승선한 것으로만 착각하고 교만과 오만으로만 지내왔습니다. 그 때의 하나님에 대한 나의 무지함은 어찌할 수가 없었습니다.

선박 직원법에 의한 사관으로서 선명(船名)은 제 305삼협호이고 톤수는 110 톤으로 선망 운반선의 당당한 1항사의 직책에 그 기쁨과 감회는 나의 가슴 속으로부터 표출하는 날이고 곧 선장이 되는 기분이었습니다. 얼마나 감격했는지 모릅니다. 하나님께서 이 미련한 자를 사랑하셨기 때문에 이런 기쁨을 허락했으리라 믿습니다.

1980년도의 바쁜 와중에서도 우연한 시간적 기회가 있어서 항해사 면허시험에 응시하여 합격하였습니다. 그날의 합격의 기쁨이 오늘 항해사 승선으로 이어질 수 있었습니다.

항해사도 선박 직원법상의 직원으로서 선장을 보좌하는 그 직무가 막중합니다. 선박의 항해뿐만 아니라 접안과 이안을 하는 중요한 임무가 항해사인 나에게도 부여된 것입니다.

운반선은 본선이 잡은 고등어를 싣고 부산 수산센터까지 안전(安全)히 운반하는 의무를 띠고 항해를 합니다. 싣고 온 고등어는 중매인들에게 경매(競賣)로 팔려서 전국에 공급됩니다.

배를 움직이기 위해서는 선원들 간의 위계질서도 엄격해야 하고 손과 발의 호흡이 맞아야 합니다. 다른 직업도 그러하지만 더욱 선박에서는 선내 질서(船內 秩序)가 무너지면 배를 운항하는 모든 시스템이 엉망이 됩니다. 항해사는 더욱 선장과 가까운 책임이 있는 사관으로서 서로 협력하여 선장의 명령과 지시에 절대 따라야 했습니다.

그러므로 이 관계를 잘 유지하고 협력하여 선박의 안전운항에 최선을 다하고 선장의 명령을 어겨서는 안 되며 이 명령 또한 갑판장에게 하달하여 하부선원들이 잘 전달받아 선내 모든 일이 순조롭게 또한 완벽하게 되도록 노력을 다하여야 합니다.

운반선이 하는 일은 언제나 고기떼를 쫓아가는 본선을 따라 24시간을 계속 항해할 때는 지루하기 이를 데 없는 목적지 없는 항해를 할 때가 많이 있습니다. 고기떼를 찾아 가는 본선은 약 20시간을 동쪽으로 갔다가 다시 서쪽으로 고기떼를 찾아다녔습니다. 어로장(漁撈長)은 애간장을 태우고 제주도 근해 남해의 넓은 해상을 두루 거쳐 오늘은 추자도를 지나쳐 별들만이 반짝이는 캄캄한 흑산도 근해 어두움을 뚫고 서쪽으로 이동하고 있었습니다.

이 추자도 해역(海域)에는 섬들이 많은 곳이라 소형 어선들이 자기 나름대로의 어업에 종사하고 있었습니다. 불빛의 야경을 스쳐 지나가다 작은 배들의 작업하는 모습들은 새롭게 확인하는 장면들이었습니다.

목적지 없이 어둠 속을 뚫고 표시등(表示燈)인 빨강 불빛만을 확인하면서 본선을 따라가고 있을 때 조용하던 조타실에 적막을 깨고 들려오는 ｓｓｂ 무전(無電)기의 호출하는 소리는 당직자를 긴장시킵니다.

"305호 여기는 본선."

"예! 여기 305호."

"본선 대흑산도로 들어가니 따라 오시오."

"예! 305호 대흑산도로 들어갑니다."

본선과 통화가 끝나고 대흑산도로 가기 위해 위치를 확인하고 해도를 펴서 방위를 확인하고 레이더로 항해 코스를 잡았습니다. 희미하게 날이 새면서 대흑산도 섬이 어둠 속에서 시꺼멓게 시야에 들어왔습니다. 대흑산도 입구에는 많은 선단들이 대흑산도를 향해 다른 선단에 뒤질세라 하얗게 물살을 가르고 들어가고 있었습니다. 우리 305삼협호도 그 선단들과 함께 입항하여 난생 처음 보는 대흑산도 항만을 둘러보았습니다.

서해바다 최고의 관광지인 대흑산도 항은 매우 넓은 항(港)이었고 항만 쪽으로 벌써 개발(開發)을 하여 많은 선박들이 항만 안에 모두 접안을 할 수가 있었습니다. 이곳이 처음인 나는 배를 정박하고 선장님과 함께 흑산도의 땅을 밟았습니다.

그 곳 대흑산도도 선원들의 안식처로 손색이 없었으며 자연 그대로 서해의 아름다운 경관속의 동백꽃 향기는 흑산도 아가씨들의 분 냄새와 향수가 어우러져서 선원들을 유혹합니다. 벌써 흑산도의 집집마다 거리마다 웃음꽃이 피어나고 또한 대흑산도 아가씨들의 아름다움과 풋사랑이 넘치고 있습니다. 그 외딴 섬 흑산도에는 40-50명이 넘는 아가씨들이 있는 것 같았고 섬 전체의 집들이 모두가 술집들이었습니다.

대흑산도의 절경들은 정말로 아름다웠으며 다시 와 보고 싶은 섬이었습니다. 그밖에도 여러 가지로 신기한 것이 많이 있었습니다. 그 중에서도 섬은 작지만 그 곳 섬에는 증기기관차를 전시해 놓고 있었습니다.

학생들의 교육용이라 하여 기관차 앞부분을 마을 앞에다 두었는데 박 정희 전 대통령께서 하사한 것이라고 안내문을 세워 두었습니다. 참 잘한 일이라고 보는 이마다 칭찬을 아끼지 않았습니다. 대흑산도의 절경이 아름답지만 가보지 못한 홍도의 절경은 더욱 아름답다고 하는데 홍도를 가보지 못한 것이 좀 아쉬웠습니다.

저녁노을이 흑산도에 내리고 밀물이 들어오는 서해(西海)의 낙도(落島)에서 잠시나마 즐거운 하루를 보내다가 기약(期約)없는 아쉬운 작별의 정을 흘려놓고 수많은 마도로스들은 작업장을 향해 출어의 닻을 올립니다.

정 주고 떠나는 선원들의 배들이 출어를 할 때는 대흑산도 어판장에 아가씨들이 나와서 잠시 나눈 정을 아쉬워하며 떠나가는 이름 모를 선원들을 향해 기약 없는 이별의 손을 흔들어 주었습니다. 출항하는 어선들의 뒤를 따라오며 울어대던 갈매기 떼들도 한참을 따라오다 어둠 속으로 사라지는 풍경이 서운한 마음을 느끼게 했습니다.

흑산도는 이렇게 서해의 작업 어선들의 고향이기도 하고 아가씨들의 아름다운 모습들이 한 잔의 술과 풋사랑의 추억을 남기는 애절한 곳이기도 했습니다. 아름다운 대흑산도의 관광을 공짜로 즐기고 난 선단들은 그곳의 미련을 선실에 담고 다시 흑산도를 오리라 생각하며 모두가 아쉬움에 출항을 합니다.

우리 305삼협호도 목적지 없는 항해로 본선의 빨강 표시등(燈)만 바라보면서 어둠 속으로 사라져가고 있었습니다.

대흑산도에서 출어한 본선은 소흑산도 방향으로 고기떼를 찾아 이리저리 해상을 누비고 어탐을 하다가 밤 12시가 되어서야 소흑산도와 제주 비양도(飛揚島) 중간지점에서 투망하여 약 2,000상자(C/S)의 고등어를 싣고 부산으로 회항하였습니다. 그리고 부산 공동

어시장 어판장(魚板場)에 도착하여 다음날 새벽 중매인들의 경매를 통해서 고등어는 상자에 담겨 다시 전국으로 팔려나갑니다.

아직 회복되지 않은 아픈 다리는 여전히 불편하여 나의 맘고생은 말이 아니었습니다. 나도 모르게 마음에 상처를 받을 때는 소주 한 잔으로 달래 봅니다. 맑은 무학소주 한 잔이 내 심장을 지나 갈 때 상하여 멍든 가슴의 상처는 아물어 갑니다. 어떤 사람이 무엇으로 나의 이 멍든 상처를 위로하겠습니까?

날마다 가슴 한 곳에는 해결되지 않는 문제가 있는 것처럼 항상 어느 한 곳을 짓누르고 있는 나의 심정이었습니다. 어떤 결과가 나올지도 모르면서 병원에만 가면 모든 것이 해결될 것이라고 믿고 이번 고용계약을 마치면 꼭 병원으로 갈 것이라고 고용의 종료 날짜만을 기다리고 있었습니다. 이것저것 약물을 복용하여 보아도 아무 효과가 없다보니 불안한 마음은 천 길 낭떠러지로 떨어지는 것 같았습니다.

가난한 사람이 세상을 살아가려면 우선 건강해야 되는 것입니다. 이런 상태가 계속 진행된다면 배를 승선할 수 없을지도 모르는 상황이 생길 것이라고 느꼈습니다. 이런 걱정을 하면서 하루하루를 보내는 중에 봄이 오는가 하면 여름이고, 가을인가 할 때에는 겨울이 시작되는 빠른 세월, 지나가는 뒤안길에서 망망대해에서 나부끼는 일엽편주처럼 싫든 좋든 혼과 정신만으로 미래를 향해 열어가기로 했습니다.

이제는 더 이상 주위 여러 사람들의 말은 듣지 않기로 하고 병원에 가서 의사의 진단을 받아보기로 했습니다. 그러던 중 한 해의 고용이 끝난 선원들은 새로운 해를 맞아 또 다시 삶의 현장에서 낙오되지 않고 자기 삶의 비전을 가지고 각자 자기 나름대로 다음의 고용을 위한 계약을 하기 위해 또 다시 헤어져야 했습니다.

그러나 나는 항해사로 한 해의 계약을 더해야 했지만 불편한 몸의 치료를 위해서는 재고용계약은 할 수가 없었습니다. 짧기만 한 인생 앞길이 보이지 않는 멀고도 먼 험난한 인생여정을 힘없는 어깨에 짊어지고 심난한 마음으로 집으로 가야 했습니다. 일 년을 마치고 수고한 결산 보따리보다 걱정 보따리만 짊어지고 집으로 내려왔습니다.

하늘을 우러러 통곡하고 땅을 치고 발버둥을 쳐도, 부모형제가 있어도, 병든 몸 의지할 곳 없이 세찬 비바람이 휘몰아치는 허공에 홀로 서 있어야 하는 쓸쓸하고 불쌍한 내 인생일 뿐이었습니다. 방황하고 세상을 마음대로 휘젓고 타락하고픈 생각이 가슴에서 요동을 치고 있었습니다.

'가슴에서 터져 나오는 울분을 참다못해 알콜에 젖어 길거리에서 쓰러져 자다가 다시 일어나고 비틀거리며 얻어먹고……'

여기까지 생각을 하고 정신을 차렸을 때 나는 터미널 벤치에 앉아 있었습니다. 머리를 큰 바위가 누르는 기분이었습니다. 어디 가서 방황하다가 죽으면 그뿐이랴 생각을 했지만 자식들이 눈앞에 아른거렸습니다. 가까스로 마음을 고쳐먹고 부산-거제 정기여객선인 새마을호를 타고 부모 남편 잘못 만나서 고생하는 내 아내와 자식들을 생각하면서 집으로 달려왔었습니다.

삼남매인 내 자식들 은주, 은아, 경환이가 아버지의 분위기를 알아차렸는지 시무룩하게 기가 죽어 있었습니다. 이 어린 것들한테 아버지로서 무슨 할 말이 있었겠습니까? 미어지는 가슴을 어찌 할수 없었습니다. 아픈 마음을 달래면서 자리에 누워 잠을 청할 수밖에 없었던 지난 세월이었습니다.

20년이 지난 지금 이 시간은 망망대해를 바람 따라 구름 따라 흘러가던 일엽편주가 잔잔한 호수에 닻을 내리고 평안의 쉼터에 앉아 생각하며 이 간증의 글을 씁니다.

예순 살을 넘기면서 지나간 세월을 회상하며 깊은 생각에 젖어 있었습니다. 비참했던 나의 지난 세월이 아픈 가슴속으로 안개처럼 피어오릅니다. 조용히 눈을 감아봅니다. 참 길고도 짧은 세월이었습니다. 내가 언제 여기까지 걸어 왔는지, 무엇을 해 놓고 왔는지, 참 허무한 세상을 덧없는 삶으로 흘러온 나였습니다. 끊어질 듯 미약한 인연들이 나의 곁에서 멀어질 때는 슬픈 가슴이 울었습니다.

지금도 연약한 내 영육이 덕이 없어 주위의 인연들이 내 곁을 떠나가도 내 속의 영혼은 하나님을 사랑합니다.

전도자가 가로되 헛되고 헛되며 헛되고 헛되니 모든 것이 헛되도다. 사람이 해 아래서 수고하는 모든 수고가 자기에게 무엇이 유익한고 한 세대는 가고 한 세대는 오되 땅은 영원히 있도다

(전 1: 2-4).

사람이 해 아래서 수고하는 모든 수고와 마음에 애쓰는 것으로 소득이 무엇이랴. 일평생(一平生)에 근심하며 수고하는 것이 슬픔뿐이라 그 마음이 밤에도 쉬지 못하나니 이것도 헛되도다(전 2:22-23).

저가 모태에서 벌거벗고 나왔은 즉 그 나온 대로 돌아가고 수고하여 얻은 것을 아무것도 손에 가지고 가지 못하리니(전 5:15).

오늘도 창조(創造)의 섭리로 인한 해는 동(東)쪽에서 떠서 서(西)쪽으로 넘어가고 세월(歲月)은 소리 없이 유수(流水)와 같이 흘러가고 있습니다.

14. 구원의 은총이

여호와께서는 어리석은 자를 보존하시나니 내가 낮게 될 때에 나를 구원하셨도다. 내 영혼아 네 평안함에 돌아갈 지어다 여호와께서 너를 후대하심이로다. 주께서 내 영혼을 사망에서. 내 눈을 눈물에서. 내 발을 넘어짐에서 건지셨나이다(시 116:6-8).

찬바람이 불어오는 겨울이 세상을 얼어붙게 하고 오들오들 떨면서 총총걸음으로 걸어가는 사람들은 모두가 평안하고 건강한 모습들입니다.

항해사로서 더욱 경험과 담력을 쌓고 선장까지를 기대하고 있었으나 내 뜻대로 되지 않음을 마음에 담고 집으로 내려온 나는 꿈과 미래의 삶 모두를 우선 내 가슴 속에 묻어놓고 아픈 다리 치료에 힘을 쏟아야 했습니다.

가난은 부끄러운 것도 아니었고 또한 자랑할 것도 못되지만 가난을 앞세워 동정 받고 비굴해지는 행위는 더더욱 하기 싫었습니다. 그동안 선박생활에서 진급은 남보다 빨리 되었다고는 하나 적은 급료에 궁핍한 가난의 생활은 이등 하라면 서러울 정도였으니 손에 물 마르면 돈 떨어지는 것이 선박생활의 기본이었습니다. 겨울의 차가운 날씨처럼 생활 형편은 모습 그대로 초라하고 얼음같이 차갑고 쓸쓸했습니다. 그리고 세상천지에는 나 혼자뿐이었습니다.

얻어먹고 구걸하는 것도 몸이 성해야 제대로 얻어먹을 것입니다.

그러니 일편단심 다른 생각은 하지 않기로 하고 주위의 시선도 아랑곳없이 82년 그 해 겨울 12월에 병원을 가기 위해 곧바로 부산으로 올라왔습니다. 영도에 있는 선망 지정병원인 해동병원에서 진찰을 받아 보았으나 그 병원에서는 특별한 징후를 보이지 않는다고 합니다.

'그렇다면 무엇이 잘못되었기에 다리가 이렇게 되었을까?'

'치료는 할 수 없는 것일까?'

가슴으로 밀려오는 불안은 나를 멈춰 서게 했습니다. 심란한 마음에 무언가 내키지 않은 그 곳 영도 해동병원에서 곧바로 집으로 내려왔습니다. 치료의 방법을 찾지 못해 울며 겨자 먹기 식으로 또 한의원을 가서 침과 한약을 병행해 보았지만 아무런 효과가 없었습니다. 노심초사(勞心焦思) 치료를 위해 동분서주하고 있는 동안 해가 또 바뀌었습니다.

그러니까 1983년 아지랑이가 온 산천을 아롱거리며 새 생명이 움트고 푸르게 물들이는 봄날을 맞았습니다. 어떤 치료를 해야 될지 몰라 여러 가지 방법을 강구하며 골몰하다가 다른 병원에 가 보기로 하였습니다.

급히 짐을 꾸려 부산으로 가서 찾아 간 곳이 초량에 있는 침례병원이었습니다. 토요일 오후시간이라 응급실만 문을 열어놓고 있었습니다. 접수를 하고 당직 의사에게 사실대로 아픈 증세(症勢)를 이야기를 하고 의사 선생님을 따라 방사선과에서 X-Ray 촬영을 했습니다.

　밝은 방사선 불빛속의 까만 십자의 중심이 나의 척추의 환부를 고정할 때 영상화면을 통해 척추에 하얗게 이물질 표시가 나오는 것이었습니다. 의사 선생님은 무슨 종양 같다고 합니다. 순간 나는 두렵고 무서운 생각으로 온 사지가 떨렸습니다. 사색(死色)이 되어 있는 나에게 당직 의사는 특수촬영을 해 보자고 합니다. 당직 의사의 말을 듣고 그 자리에서 특수촬영을 승낙하였습니다.

　특수촬영이라고 하는 것은 척추에서 척추 액을 뽑아내고 다시 그 양만큼 무슨 약물을 척추 속에 넣은 후에 촬영을 하는 것이었습니다. 척추 액을 뽑기 위해 척추에 마취도 하지 않고 주사바늘을 척추 마디 사이로 찔러 넣는데 얼마나 아팠든지 그 아픔은 말로 표현을 할 수가 없었습니다.

　특수X-Rey 영상으로 표시되는 하얀 이 물질은 거의 척추신경을 다 덮어 버린 상태였습니다. 방사선과 의사는 중추 신경에 무슨 종양이 틀림이 없다고 합니다. 하늘에서 날벼락이 내 가슴에 쿵하고 떨어지는 기분이었습니다. 할 말을 잊었습니다.

　당직 의사 선생님은 오늘은 집으로 갔다가 월요일에 다시 오라는 것입니다. 그리고 물을 많이 마시라고 권했습니다. 실오라기 같은 나의 운명은 갈수록 빠져나오기 어렵고 힘든 수렁으로 빠져들어 가는 것 같았습니다. 병원 문을 나올 때는 휘청거리는 걸음으로 간신히 걸어서 침례병원을 나섰습니다.

태산을 지고 걸어가는 것처럼 걱정을 지고 힘없는 몸을 비틀거리며 집으로 왔습니다. 측은하고 심란한 하루를 집에서 보내고 월요일 아침 부산으로 가면서 침례병원이 아닌 다른 병원으로 가고 싶었습니다(하나님이 나를 주장했는지도 모릅니다). 그래서 생각한 병원이 메리놀 병원이었습니다. 나는 마음에 내키는 대로 메리놀 병원으로 발길을 돌렸습니다.

평안한 마음으로 메리놀 병원 신경외과에 접수를 하고 과장님에게 침례병원에서의 촬영 결과를 말씀드리고 필름을 보여주었습니다. 신경외과 과장님은 특수촬영은 다시 하지 않아도 되겠다고 했습니다. 과장님의 진단에 의하면 이 병은 척추 종양으로 오래 두면 하체를 사용할 수 없게 될 수도 있다고 했습니다.

과장님은 일단 수술은 해 봐야 알겠지만 칼을 댈 수 없는 위치에 종양이 있다면 다시 덮어야 된다고 했습니다. 참 묘한 기분이 들었고 할 말을 잃었습니다. 과장님이 시키는 대로 나는 메리놀 병원에서 수술을 하기로 결정했습니다.

수술 날짜를 정해 놓고 무거운 발걸음으로 다시 집으로 오면서 긴 한숨으로 가슴 속을 억누르고 있는 답답함을 쓸어 내렸습니다. 수술할 날짜는 정해 졌고 앞으로 수술의 모든 것은 연약한 내 운명에 맡기는 수밖에 없었습니다. 그동안 엄청난 고통과 아픔을 이겨내고 치료의 효과만을 기대하며 지금까지 지내왔는데,…… 그런데 내 몸 속에 이런 종양(혹)을 키워 왔다고 생각하니 너무나 억울하고 황당하여 내 심장이 터질 것 같았습니다.

고생도 허튼짓도 참 많이도 했는데 좀 빨리 서둘렀다면 오늘의 결과를 초래하지는 않았을까 하는 생각이 들었습니다. 그동안 병을 치료한 것이 아니라 병을 키워 온 셈입니다. 그러나 이 되어 진 일들이 하나님의 뜻이었다면 내가 지나친 판단을 하고 있을까요? 하지만 내 몸이 쉽게 치료되었다면 나는 영영히 구원받을 수 없는 죄악의 길에서 헤매고 있었을 것은 뻔한 사실이었습니다.

밀려오는 불안을 생각하면 머리만 아프고 어쩔 수 없는 지난 날이었습니다. 나의 척추 어디에 붙어 있는 종양을 제거하기 위한 수술 날짜는 1983년 5월 9일로 정해 졌습니다. 수술을 기다리는 내 마음에 두려움과 무서움은 나의 영혼을 억누르고 있었습니다.

이제는 수술의 결과에 따라 내 육신은 모든 것이 결정되는 아슬아슬한 낭떠러지 위에 서 있었습니다. 죽느냐 아니면 지체장애자로 사느냐 또 아니면 수술 후에 정상적으로 회복되느냐의 중차대한 문제가 나를 압박하고 있었습니다.

수술할 날짜는 다가오는데 마음의 안정을 잡지 못하고 몸부림치며, 애간장을 태우고, 내 인생을 원망도 했으나 흐르는 눈물은 어쩔 수 없었습니다. 며칠 있으면 사월 초파일입니다. 우리 어머님은 절에 다녔지만 한 번도 가보지 않았던 절이었습니다. 그러나 결혼을 계기로 장모님의 불심을 따라 결혼 후 몇 번 가 본 절이었습니다.

장모님은 이 절에서 범종을 만들었는데 여러 신도들과 같이 내 이름도 그 곳 종에다 새겨 넣었습니다. 종을 만드는데 얼마의 돈을 지불했는지는 나는 알 수 없었습니다.

물에 빠진 사람이 지푸라기라도 잡는다는 말이 있듯이 나는 절에라도 가서 심란한 나의 마음의 위로를 받아 볼 생각이 들어 마을 위에 있는 조그만 한 암자(庵子)인 지선암으로 갔습니다. 부처님께 예를 다하기 위해서는 연등을 사서 달고 복을 빌어야 된다고 해서 나도 등을 사서 달기로 했습니다. 그러나 형편상 큰 등(燈)은 달아 놓을 처지가 못 되었습니다.

그래서 그 중에서 제일 작고 값이 싼 일금 3,000원 짜리 등을 사서 달기로 하였습니다. 온 산천이 연두색 초록으로 변하는 실록의 계절인 오월, 기다리던 (음)사월 초파일을 맞았습니다.

지선암으로 올라가서 절 마당에 길게 뻗어있는 줄에 내 이름과 생년월일은 물론이고 가족들의 이름과 생년월일을 기록한 등(燈)을 달았습니다. 돈이 비싼 큰 등은 좋아 보였으나 내가 달아놓은 돈이 적은 등은 초라하기 이를 데 없었고 그것마저도 나의 자존심을 상하게 하는 눈물겨운 현실(現實)이었습니다.

아내와 함께 부처님이 있는 대웅전 큰방으로 들어갔습니다. 그 곳에 있는 부처님은 인자한 모습으로 앉아서 무수한 불공(佛工)객(客)들의 참배(參拜)를 기다리고 있었습니다. 같이 들어간 몇 분의 참배객들과 우리 부부는 부처님 앞에 참배를 하였습니다. 수술이 잘되게 해달라고 빌었습니다. 참배의 큰절은 많이 하면 좋다던데 우리 부부는 몇 번의 절을 하고는 밖으로 나왔으나 별로 기분이 흡족하지는 않았습니다.

밖으로 나온 그 사람들이 옆에 있는 작은 집으로 들어가는 것을 보고 우리도 그 사람들을 따라 들어가 보았습니다. 그 곳에는 산신령이 있고 그 옆에는 용왕님이라고 하여 아주 기분 나쁘게 도깨비 같이 만들어 놓은 그 곳에도 돈을 놓고 큰 절을 하고 있었습니다.

우리 부부도 별 수 없이 그 곳에 지전 1,000원을 놓고 절을 하고 나왔습니다. 불공을 다 마치고 나왔지만 나의 마음은 편치 않고 불안한 마음만 들었습니다..

용왕신과 산신을 만들어 놓은 우상이 자꾸 생각이 났고 아주 기분 나쁜 불쾌감과 후회스런 마음이 들었습니다. 두근거리는 심장을 달래면서 천천히 그 암자를 뒤로하고 그렇게 편하지 않은 마음으로 내려오고 있었습니다.

나의 머리는 맑지 않은 시야(視野)의 여울 속을 헤치며 멍한 생각 속에서 고개 마루를 내려오고 있었습니다. 깊은 생각에 잠긴 채 내려오는 길에서 갑자기 나의 몸에는 이상한 그 무엇이 나의 심장의 피를 타고 흐르고 있었음을 알 수 있었습니다. 나의 몸은 화끈하게 달아오르면서 멍했던 나의 머리를 복잡하게 만들고 있었습니다.

이러는 순간에 무엇인가가 머리를 세차게 때리는 것 같은 느낌을 주었고 그리고는 번쩍하고 나의 뇌리를 스치며 생각나는 것이 있었습니다. 무서움과 소름이 끼치더니 가슴이 뛰기 시작했습니다. 이 순간 나에게는 나의 영육의 그 두텁고 어두웠던 암흑의 벽이 무너져 내리는 놀라운 역사의 사건이 일어나고 있었던 것입니다.

멍했던 머리가 갑자기 맑아졌습니다. 그리고 나의 뇌리에서는 빠르게 떠오르는 두 글자의 단어가 나타나고 있었습니다.

'예수. 아, 그렇다! 예수! 예수를 믿어야 한다! 예수를 ……… 예수를 믿는 것이다. 예수를 믿자!'

이렇게 나도 모르게 소리를 지르며 걸음을 멈추고 그 자리에서 우뚝 서고 말았습니다. 순간 용광로와 같이 타오르는 나의 가슴은 완전히 뜨거운 불로 타오르고 있었습니다. 머리와 가슴 속에는 무섭게 소름이 끼쳐오는 것을 느꼈습니다. 내 인생 40여 년이 어려운 고난의 연속이었지만 이 부질없던 삶의 역경(域境)에서 내 마음의 어느 한 구석에서라도 예수라는 이름을 한 번이라도 생각해 본 적이 있었는가 말입니다.

어느 예수 전도자가 예수를 믿으라고 했을 때 나는 내 주먹을 믿겠노라고 철저하게 부정했던 내가 아닌가 말입니다.

그 동안 지나온 나의 삶의 행로는 부산에서 잠시 머물다가 청운의 꿈을 안고 서울로 올라갔지만 그 뜻을 이루지 못하였고 삶의 길목에서 처절한 병마와 싸우며 연약한 육신을 지고 다시 고향으로 내려와 결혼이라는 이름을 남겼습니다. 세 번째 서울을 가고 싶었지만 아쉬운 미련만 남기고 고향 양화정에서 면소재지인 여기 지세포에 뿌리를 내릴 것이라고는 꿈에도 생각해 보지 않았습니다. 그런 삶을 살아오면서도 예수의 이름은 나의 육신과 정신과 영혼이 생각해 본 적이 없었습니다.

그렇게도 철저하게 우상 속에서 교만으로 무장되어 있었던 나였는데 지금 이 순간에 예수를 믿겠다는 말이 나의 입술을 통해서 나오는 기적이 일어나고 있는 것이었습니다. 나의 몸은 공중으로 붕 떠오르는 것 같았고 회오리바람에 휩싸이는 것 같았습니다.

어떻게 해야 할지 모르고 순간 나를 잊어버리고 있었습니다. 성령의 놀라운 역사가 일어나고 있었던 것입니다. 가슴은 뜨겁게, 뜨겁게, 화산이 폭발하듯이 용솟음치고 있었습니다. 온 몸은 전율을 일으키며 가슴이 부풀어 올랐습니다. 나에게 일어나고 있는 이 엄청난 일들을 모른 채 삶에 자신을 잃고 앞으로 살아갈 자기 자신을 돌아보면서 앞서 걸어가는 아내를 바라보았습니다. 걱정과 근심으로 얼룩져 걸어가고 있는 아내한테 우선 동의를 구해 보았습니다.

"여보! 은주 엄마."

아내는 아무 영문을 모르고 의아한 모습으로 뒤돌아서서 나를 바라보았습니다. 나는 자신 있게 아내에게 말을 했습니다.

"은주 엄마, 우리 모든 것 다 집어치우고 예수 믿자."

하고는 슬쩍 눈치를 보았습니다. 그런데 아내는 한 마디로 나의 말에 동의를 하는 것이었습니다. 성령 하나님은 아내한테도 역사하셨음을 나는 믿습니다. 이렇게 쉽게 대답을 할 사람이 아니었기에 순간 의아해 했지만 너무나 고마웠습니다.

아내 역시도 처갓집에는 장모님이 불교에 심취하여 불심으로 살아가는 분입니다. 그런 가정에서 태어난 아내의 판단에서 쉽게 대답이 나오지 않을 것이라고 생각했습니다. 그런데 아내는 첫 마디에 동의를 한 것입니다.

"예, 그렇게 합시다. 예수 믿읍시다."

정말 나는 얼마나 고마웠는지 모릅니다.

"그래 그러자. 우리 예수 믿기로 하자."

나는 다시 한 번 감동에 벅찬 기쁨의 순간에 서 있었습니다.

참, 세상을 살아가는 삶의 길이란 무엇인지 당해 보지 않으면 알 수 없습니다. 어렵고 쓰라린 절체절명의 우여곡절을 보내면서 세상의 밑바닥으로 떨어져 밀물에 밀리고 썰물에 부딪치면서 무서운 풍랑을 만나 울며 허우적거리고 있던 나에게 성령 하나님은 우리 부부에게 구원의 생명줄을 던져주신 것입니다.

지난 군대생활에서 성령님께서 보내 주신 주의 사자의 손을 잡지 못한 무지함이 또 다시 나타난 구원의 생명줄을 놓쳤다면 다시는 돌이킬 수 없는 소용돌이의 타락 속에 빠졌을지 모릅니다. 그리고 나는 술에 인 박이어 타락의 늪에서 헤어나지 못하고 폐인이 되어 세상에서 낙오자가 되었을지 모릅니다. 우리 부부는 더 이상 생각할 여지가 없었습니다. 무조건 하나님의 값없이 주는 믿음의 선물을 감사하며 받았습니다.

이름 모를 해충에 의해 말라가던 한 그루의 소나무가 그 충이 제거됨으로 소생의 싹을 틔우는 것처럼 마흔 두 살의 나이에 영육이 저 깊은 수렁에서 헤매고 있는 나에게 그 밝은 광명의 빛이 비춰 그 빛 속에 내려 온 밧줄의 끈을 잡은 것입니다.

이번에는 이 잡은 밧줄을 절대로 놓지 않을 것이라고 얼마나 애통하였는지 모릅니다. 나의 영육이 느끼는 감각 속에 뜨거운 성령의 불로 나의 삶의 언저리를 파고드는 사단의 올가미를 불태울 때 조여 오던 영혼을 구원하여 사라져가는 잿불 속에서 파란 새싹이 움트기 시작한 것이었습니다.

지난 세월의 서울에서 바라본 일입니다. 신림 3동 개발지역을 지나가는데 그 곳 동네 앞 높지 않은 작은 능선에 천막 앞에 십자가를 세워 놓고 어떤 한 사람이 큰 소리를 지르고 있었습니다.

"회개하라 천국이 가까웠느니라! 주 예수를 믿으라!"

천막 앞에는 아이들 몇 명이 모여 있었습니다. 이 광경을 바라본 나는 아무런 의미 없이 저 사람이 미쳤나, 무슨 짓을 하고 있는 건가 이렇게 생각하면서 지나갔던 일이 떠올랐습니다. 지금 회상하면 그

분은 목사님이셨고, 나 같은 무지의 생명들을 구원하기 위한 개척 교회에서 사명을 다하시는 분이심을 이제야 알았습니다.

사랑이신 하나님은 그 동안도 이 죄인 된 영육을 영원 전부터 택하여 고난 속에서도 깨닫기를 바라셨고 인내하시며 함께하셨다는 것을 믿습니다.

척추중추신경의 종양수술을 위해 척추에 메-스 자리를 표시해 놓은 후 나의 이 절박한 상황에서 때가 되어 성령 하나님은 이 죄인을 구원하실 놀라운 은혜의 역사를 이루어가고 계셨던 것입니다.

마음으로 믿어 의에 이르고 입으로 시인 하여 구원에 이르느니라(롬 10:10).

내 육이 시인하고 내 영혼이 확인하는 순간이었습니다. 이 환희의 순간, 이 감격의 순간에 나의 새로운 삶에 대한 하나님의 역사가 이루어지고 있음을 이 미련한 자가 이제야 깨달았습니다. 아-멘

오월의 태양이 온 우주에 따뜻하게 비춰며 나른한 봄의 꽃향기가 이 땅을 감싸고 산천초목은 연두색 신록으로 그 이름을 자랑하는 계절이었습니다. 나의 영육의 삶의 언저리에도 따뜻한 오월의 태양이 비춰오고 신록의 아름다운 푸른 초장처럼 나의 삶에도 푸른 새 싹이 움트고 우아한 함박꽃은 피어나고 있었습니다.

그리고 나의 평생에 마르지 않는 영생의 맑은 샘물이 나와 아내, 그리고 내 자녀들과 후손들의 가슴으로 영원히 흐르리라 …… 세상 속에서 미래에 황홀한 꿈을 꾸며 멋진 세상을 살기 위해 발버둥

쳐 보았지만 무엇 하나 되는 것 없었고 고난의 깊고 깊은 시련의 역경 속에서만 헤매었습니다.

그러나 주께서 불쌍한 영혼을 버리시지 않으셨고 하늘에 속한 자로 인쳐 주시고 전능하신 하나님께서 내 손 붙잡아 주셨습니다.

"천부여 의지할 곳 없어 두 손 들고 왔습니다." 주여!

너희가 나를 택한 것이 아니요 내가 너희를 택하여 세웠나니 이는 너희로 가서 과실을 맺게 하고 또 너희 과실이 항상 있게 하여 내 이름으로 아버지께 무엇을 구하든지 다 받게 하려 함이니라(요 15:16)

나는 하나님의 선하시고 인자하심과 구속하심으로 영적으로 새롭게 태어나 하나님의 자녀가 되는 순간을 맞이하고 있었습니다. 아내와 집으로 내려와서 한 목소리로 말을 했습니다.

"이제는 모든 우상의 물건들을 버리고 그 무거웠던 우상의 늪에서 벗어나자! 모두 버리자!"

우상에 찌들어 죄로 꽉 차 있는 내 마음이 한 꺼풀 한 꺼풀 벗겨지면서 내 마음에 평온함과 따뜻함이 찾아오고 있는 것이었습니다. 한 편으로는 혼란스러움도 느껴졌으나 성령 하나님께서 분명히 나를 인도하고 계셨음을 굳게 확신했습니다.

15. 영광의 지세포교회에 등록했습니다

성령의 불은 나의 영육을 순식간에 사로잡았고 내 속에 있던 사
단을 성령의 불로 태웠습니
다. 또한 새로운 인생이 태어
나는 순간이었습니다.

당장 보관하고 있던 부적
부터 불사르고 우상과 연관
된 모든 것은 무엇이든지 다
정리를 하였습니다. 더러운
것들을 다 버리기로 작정하
니 이렇게 마음이 편할 줄을
내가 감히 몰랐던 것입니다.

이것이 하나님의 값없이
주신 믿음을 선물로 받은 은

혜인가? 정말 너무나, 너무나 감사하게도 우리 가정에 평안이 찾아
온 것만은 사실이었습니다. 하나님의 은혜로 택함을 받은 우리 부
부는 예수 믿기로 작정을 했으니 교회를 나가기로 했습니다. 그리
고 교회에 나가기까지 생각나는 대로, 눈에 보이는 대로 우상의 종

류는 무엇이든지 찾아서 모두 버리고 불살라 버렸습니다.

이틀을 있다가 나와 아내는 주일 아침을 맞이했습니다. 교회에 나가기 위해 마음을 새롭게 하고 시간을 기다리고 있는데 몇 시간이 며칠을 기다리는 느낌이 들었고 그 시간이 얼마나 지루하였는지 모릅니다. 마침내 예배시간 30분 전에 집에서 출발하여 지세포교회로 올라갔습니다. 교회 예배당 앞에 도착하여 주위를 둘러보니 예배당 바깥에는 사람이라고는 한 사람도 보이지를 않았습니다. 예배당 앞에 서 있는 향나무 사이로 훈훈한 봄바람만 불며 우리 부부를 반기고 있었습니다.

그 때에는 온 산천이 신록으로 물들고 아름다운 꽃들이 만발하였으며 가정의 달에 어버이 주일이었습니다.

수술을 앞두고 하나님의 옷자락을 붙잡을 수 있었던 것도 주님의 택함이었고 인도하심이었으며 교회까지 우리 부부의 발길을 인도하신 것도 성령께서 인도하심임을 확신하고 믿습니다. 그런데 조용한 교회 예배당 앞으로 가서 예배당 문을 열려고 했으나 사탄의 방해인가 생각지도 않았던 문제가 생겼습니다. 예배당은 지금의 교육관이었습니다.

예배당 안으로 들어가기 위해 예배당 문을 열려고 하였으나 문을 열 수가 없었습니다. 아니, 손이 나가지를 않았습니다. 예배당 문과 나 사이에는 한 자 정도의 거리인데 내 손이 문(門)으로 뻗어지지 않으니 도저히 문고리를 잡을 수가 없었습니다. 그러니 이젠 문을 열 용기조차 나지 않았습니다. 예배당 안에서는 목사님의 설교소리가 들렸습니다.

어린아이들이라도 한 사람 있었으면 같이 들어가겠는데 그날은 어쩐지 어린아이들도 보이지 않았습니다. 우리는 예배시간 30분 전에 갔지만 예배는 30분 전에 시작을 한 것 같았습니다. 아무래도 우리가 예배시간을 잘못 알고 온 것 같았습니다.

안타까운 심정으로 예배당 문을 열어 보려고 다시 한 번 마음을 굳게 먹고 용기를 내어 시도를 해 보았지만 그래도 문을 열 수가 없었습니다. 누군가가 내 손을 붙들어 매어놓은 것만 같았습니다. 몇 번이고 손을 문설주에 갖다 대어보고 싶어도 아예 문을 열 용기가 생기지 않았습니다. 연약해진 나의 마음에는 문을 열고 들어갈 용기가 나지 않았습니다.

'왜! 그럴까?'

잠시 나는 생각하였지만 역시 마찬가지로 예배당 문을 열고 들어갈 용기가 나지 않았습니다. 아무리 생각해도 나는 지세포교회에 등록하는 것은 포기를 해야 했습니다. 그리고 제수(弟嫂)씨가 다니고 있는 새 장승포 교회로 나가기로 작정하고 지세포교회에서 돌아섰습니다.

"여보! 우리 장승포 제수씨가 나가는 새 장승포 교회로 가자"

며칠 전 까지만 해도 영안이 어두웠던 나는 그 어두움에서 빛을 보지 못하였는데 이제는 제수씨가 나가는 교회도 내 영안으로 바라보게 되었던 것이었습니다. 우리는 생각다 못해 지세포교회에서 발길을 돌렸습니다.

지세포교회를 뒤로하고 새 장승포 교회로 가기 위해 버스정류소로 내려오는 길이었습니다. 골목길을 내려오는 도중에 면사무소 앞길에서 우연히 평소에 알고 있었던 교인을 만났는데 그 분이 바로 박덕신, 주은자 권사님 부부였습니다. 우리를 만난 박 집사님은 인사만 하고 교회를 향해 가시는데 내가 먼저 그 분들을 불러 세웠습니다.

"박 형!"

"왜 그러십니까?"

우리가 교회에 등록하기 위해 지세포교회로 올라갔는데 도저히 들어갈 용기가 나지 않아서 지금 장승포에 있는 새 장승포 교회로 가기 위해 내려오고 있다고 말 했습니다. 나의 이야기를 들은 박 집사님이 우리를 외면할 리가 있었겠습니까?

"그렇다면 우리와 함께 갑시다"

집사님과 권사님은 무슨 일로 교회를 늦게 오고 있었는지 또한 우연찮게도 늦게 오다보니 우리를 만날 수 있었는지는 알 수 없었으나 아무튼 박 집사님과 주 권사님 때문에 새 장승포교회로 가지 않고 지세포교회에 등록할 길이 열린 것이었습니다.

우리 부부는 두 분과 함께 그렇게도 용기가 나지 않았던 지세포 교회의 예배당 문을 들어 설 수가 있었습니다. 주님께서 드리우신 베드로의 그물 안에 제 발로 들어온 이 물고기로 집사님과 권사님은 큰 횡재를 한 셈입니다. 예배당 안으로 들어간 우리 부부는 뒷줄 옆자리에 앉아서 무슨 말인지도 모르는 목사님의 설교를 한참 듣고 있었습니다.

성도님들은 열심히 설교를 들으며 은혜를 받는 중이라서 구원받은 새 생명이 자기 발로 예배당 안으로 들어가도 모르고 있었습니다. 당시 담임 목사님은 박 광명 목사님이었습니다. 목사님은 설교 중에 우리 부부를 쳐다보시면서 열심히 말씀을 선포하셨습니다.

성도님들을 한 번 쭉 둘러보았습니다. 같은 일운면 사람들이지만 그 때는 지세포에는 객지와 마찬가지로 안면이 있는 분들이 몇 분 없었습니다.

여기에서 나는 분명히 말을 해야 할 것이 있습니다. 우리 부부가 지세포 지역으로 이사를 온 것은 이유가 있어서 온 것도 아니었고 내가 오고 싶어서 온 것도 아니었습니다. 앞에서도 잠깐 언급 했듯이 내가 이 곳 지세포에 이주할 것이라고는 꿈에도 생각을 해 본적이 없었으며 부모님으로부터도 들어본 적이 없었습니다. 성령 하나님은 내가 온전히 안착 할 수 있을 곳을 미리 예비해 두셨다가 고난의 길에서 깨닫게 하시고 이곳 지세포로 인도하여 지세포교회에서 성화되어 충성과 봉사와 헌신의 도구로 쓰시겠다고 예정하셨음을 믿습니다.

　교인들 중에는 낯익은 분들도 몇 있었지만 모두가 처음 보는 분들이었습니다. 예배당 안에는 서먹한 분위기였지만 예배가 끝나고 난 후에는 성도님들의 많은 관심과 위로를 받았습니다. 고맙고 감사했습니다. 나의 인생행로(人生行路)는 물결 따라 바람 따라 시련과 고난으로 점철(點綴)되어 바람 앞의 등불처럼 깜박이고 있을 때, 때가 되어 불러 세우시는 주님의 인도로 지세포교회를 찾았던 것입니다.

　예배(禮拜) 후(後)에 목사님과 면담을 하고 우리 부부는 주님의 보혈의 능력으로 구원받아 하나님의 선하신 은혜로 영광의 지세포교회에 등록하고 지세포교회 교인이 되었던 것입니다. 할렐루야 아
-멘……

　정하고 정한 주의 보혈의 은혜 안에서 지세포교회 성도님들을 알게 되었습니다. 하나님의 크신 은혜의 역사가 아니었더라면 나는 지금 쯤 서울에서 술과 담배로 세상의 정욕을 즐기며 타락의 삶으로 내 잘 난체 하며 교만의 삶으로 살았을 것은 불을 보듯 뻔한 것이었습니다. 이제 내 인생행로가 완전히 바뀌고 있었던 것입니다.

　그러나 한 가지 확실한 것은 이 불쌍한 인간을 태어나면서부터 하나님께서는 나의 영육을 택하여 모든 것을 간섭하셨고 주장하셨다는 것입니다. 어두운 우상과 사악한 영들 속에서 깨닫지 못하였고 그 사탄에게 삶의 노예가 된 나를 버리시지 않으시고 때가 되어

육신의 장애를 주면서까지 깨닫게 하여 값없이 주신 믿음의 선물로 자기 백성을 삼았다는 것을 확신합니다. **"하나님은 욥을 사단에게 붙여서 그 생명만은 해하지 말라"** 하신 것처럼 나 또한 하나님의 은혜로 말미암아 생명을 유지하고 복을 받았다는 것을 믿으니 얼마나 고맙고 감사한지 모릅니다.

여호와께서 사단에게 이르시되 내가 그를 네 손에 붙이노라 오직 그의 생명은 해하지 말지니라(욥 2:6).

나는 하나님의 백성으로서 영생을 얻었고 죄에서 자유를 얻고 하나님을 '아바 아버지'라고 부를 수 있는 특권을 가졌습니다. 이제 생명의 말씀을 묵상하며 순종하므로 평안과 안식을 누리게 되었고 내 가족들의 앞길에는 시온의 대로가 열려 있으며 생수의 강물이 넘치고 있음을 온 천하에 전하고 싶은 마음이었습니다. 이 순간을 바라보고 있는 하늘의 천사들도 구원의 반열에 서 있는 불쌍한 한 가정의 영혼들을 보고 기뻐하였으리라. 아-멘

의사 선생님으로부터 척추종양이라는 이 엄청난 진단 소견을 받았을 때는 하늘이 무너졌고 땅이 꺼지는 그 현실에서 할 말을 잊고 눈물도 나오지 않았습니다. 종양 제거수술을 받으려고 할 때 어디 의지할 곳도 없었고 기댈 곳도 없었습니다. 그래서 절에라도 가서 우상의 영한테 매달릴 수밖에 없었던 절박한 처지에 놓여 있었는데 이제는 그 크신 하나님의 사랑으로 우리 주님을 믿고 의지하며 수술을 하기 위해 병원을 가니 얼마나 감사했습니까?

날씨도 화창한 봄 날 1983년 5월 8일 나는 척추종양 제거수술을 받기 위해 부산행 여객선에 올랐습니다. 여객선 선상에서 바라보는 잔잔한 바다는 더욱 넓어 보였고 떼 지어 날고 있는 갈매기는 나의 속 타는 줄도 모르고 평화롭게 날고 있었습니다. 여객선이 부산 부두에 접안하자 나는 곧 바로 개찰구로 나와서 택시를 타고 메리놀 병원으로 왔습니다.

그리고는 수술을 하면 사지가 정상적으로 움직일 수 있을 것이라고 자신에 찬 기대를 하며 입원 수속을 위해 원무과로 갔습니다.

16. 수술은 주 안에서

해는 서쪽으로 많이 기울었고 시간은 4시가 지나갑니다. 바쁜 마음으로 거제에서 아침 일찍이 집을 나서서 필요한 일을 마치고 서둘러 여객선을 타고 올라왔지만 이 시간에야 부산에 도착이 되었습니다. 택시로 메리놀 병원으로 가는 길은 많은 차들이 다녔지만 그렇게 복잡하지는 않았습니다. 터미널을 뒤로하고 미 문화원 앞길을 따라 메리놀 병원에 도착하여 원무과에서 입원 수속을 마치고 입원실로 걸어가는 나의 발걸음은 모처럼 가벼웠습니다. 걱정은 좀 되었지만 이제는 나를 주장하시는 하나님께서 나의 곁에 계신다는 것을 믿었습니다.

간호사를 따라 신경외과 병실에서 환자복을 갈아입고 침대에 누워 수술의 경과를 미리 짐작해 보았습니다. 그러나 아무 것도 생각하기 싫었고 확신에 차지 않았지만 반신반의 하면서도 하나님을 의지하지 않을 수 없었습니다.

간호사가 들어와서 수술 시간은 5월 9일 오전 8시에 1번 순으로 수술 순서를 정하여 주었습니다.

"오늘부터 금식(禁食)입니다"

'금식'의 명찰이 머리 위 침대 난간에 붙었습니다. 엷은 강판이 어떤 충격으로 떨리는 것처럼 연약한 나의 심장이 떨려 옴을 느낄 수 있었습니다. 갑자기 마음이 약해져 오면서 눈시울이 붉어집니다. 그래도 이제는 하나님을 믿는 믿음의 사람이라고 나를 달래며 수술에 대한 모든 문제는 우리 주님께 맡기자고 억지라도 내 마음에서 다짐하고 있었습니다. 나는 나를 진정시키며 마음을 달래고 위로했습니다.

'휴!' 하고 안도의 한숨을 삼킨 후 난생 처음으로 기도라는 것을 해 보았습니다. 진실로 어색한 마음의 표현으로 드린 기도입니다.

"하나님 나의 척추수술이 좋은 결과를 볼 수 있도록 해 주옵소서. 감사합니다."

하고는 마음속으로 기도했습니다. 그러나 또 나에게 걱정과 불안이 찾아왔습니다. 믿음이 연약한 나에게 의심의 마귀가 나를 불안하게 만들었습니다.

종양이 위험한 곳에 붙었다면 하체를 쓰지 못할 수도 있다는 신경외과 과장님의 소견이 있었기 때문에 위험부담을 안고 수술실로 들어갈 수밖에 없으니 마음의 안정이 잘되지를 않았습니다. 아침에 병실로 들어오는 햇살이 따뜻하게 비춰고 있었습니다. 침대에서 이런저런 생각을 하고 있을 때 시간은 8시가 되어 수술시간이 되었습니다.

간호사가 침대를 밀고 들어와서 나를 그곳으로 옮겨 눕히고는 나의 주소와 이름을 확인 한 후 그 적은 쪽지를 왼쪽 팔목에다가 채우는 것이 아니겠습니까? 그 때 묘한 생각과 불안함을 느꼈습니다.

'이제 부터 수술이 시작 되겠구나' 하고 있을 때 간호사가 들어와서 링거를 팔에 꽂고는 몇 가지를 물어 봅니다.

술을 많이 먹는지, 무슨 약을 먹고 왔는지, 한약을 먹었는지, 무슨 음식을 좋아하는지 등 여러 가지로 물어보았습니다. 그리고 혈압과 체온을 체크하고 수술 준비가 끝난 후 간호사는 침대를 밀고 수술실로 갑니다. 참담한 심경으로 현실을 받아들이고 또 한 번 마음속으로 기도를 하였습니다.

'하나님 나를 살려 주시옵소서!'

마음을 굳게 하고 담담하게 침대에 싣고 밀고 가는 간호사 얼굴을 가만히 쳐다보았습니다. 간호사의 얼굴은 바쁜 중이면서도 평온하게 보였습니다. 이 복잡한 심정은 아무도 모를 것입니다.

간호사는 나를 밝은 전등불 밑 수술대에 옮겨 눕혔습니다. 수술에 필요한 여러 가지 도구가 눈에 보입니다. 과장님이 들어오시는 것 같았습니다. 5-6명 정도의 의사와 간호사들이 나를 빙 둘러 서는 것이 보였습니다.

잠시 뒤에 간호사가 내 팔에 주사 한 대를 놓았습니다. 그리고는 숫자를 세라고 합니다.

"하나, 둘.., 셋..., 넷…………"

여기서 부터 나는 완전히 잠들어 버렸다고 해야 하나요? 나의 영혼도 잠들고 있었습니다. 그리고 나의 육신에는 의사들의 손길을 통해서 수술할 자리를 확인 하고 있었으며 그 시간 그 바쁜 적막의 시간은 흘러가고 있었던 것입니다.

이 시간 세상모르고 나의 모든 사지가 정지되어 있는 동안 나의 보잘 것 없었던 육신을 놓고 척추의 피부 살은 메-스로 인해 해부가 되고 있었으며 종양이 붙어있는 신경 그 자리에는 의사의 바쁜 손 이 움직였고 아킬레스건으로 내려오는 신경 하나는 종양과 함께 절 단되고 있었습니다. 그리고 나는 영원한 지체장애자의 안타까운 운 명의 시간이 결정되고 있었던 것입니다.

시간이 얼마나 지났을까? 영혼도 잠들었던 적막 속의 어두운 밤 을 헤매고 있을 때 정신이 들면서 나의 귀에 사람소리가 들렸습니다. 눈을 뜨고 사방을 돌아보니 입원실이었습니다. 수술을 끝내고 내가 입원실로 와서 깨어나기를 모두가 기다리고 있었던 것이었습니다.

허리가 뻐근하면서 수술 자리에 아픔이 느껴오고 입에는 갈증이 나기 시작합니다. 가스가 나와야 물과 음식을 먹을 수 있다기에 두어 시간 기다리고 있을 때 가스도 나오고 이제부터는 치료가 시작되었습니다.

일주일 정도 있으니까 과장님이 회진을 하면서 제거한 종양을 병속에 넣어가지고 와서 보여주는데 종양은 제법 크고 길었습니다. 걱정한 것처럼 위험한 곳에 생기지는 않았지만 왼쪽 다리를 내려오는 신경 한 곳에 종양이 생겼기 때문에 할 수 없이 신경을 절단했다고 합니다. 그러니 열심히 운동을 하라고 했습니다. 한 번 걸어보니 다소 불편함은 여전했습니다.

병실 침대에서 누워 천정을 향해 조용히 눈을 감고 생각해 보았습니다. 종양을 제거하면 신경이 살아나는 걸로 착각하였습니다.

그러나 아킬레스건으로 가는 신경을 절단하였기 때문에 더 이상의 문제는 생기지 않으나 온전히 회복되는 것은 어려운 일이라는 말을 듣고는 너무나도 실망을 했습니다. 무엇을 가지고 어떻게 나를 위로하겠습니까? 맑은 하늘에 벼락이 떨어진 것처럼 내 가슴에 돌이킬 수 없는 상처를 안고 가야했습니다.

처음에 생각한 것처럼 평생 장애자로 지낼 바에야 차라리 죽는 것이 낫지 않겠는가. 이렇게 나만의 약속이 있었기에 이 약속의 선택은 아직 남아있었습니다.

나는 곰곰이 생각에 잠겨 있었습니다. 그러나 이제는 나도 하나님을 믿는 믿음의 사람이 아닌가? 삶에 어려운 고비가 나의 앞을 괴롭히고 약간의 장애로 살아가도 주님을 의지하고 살면 죽는 것보다 살아있는 것이 훨씬 나을 것이란 생각이 들었습니다. 그 때 나는 연약한 믿음이었지만 믿음의 눈으로 주님을 바라보았고 주님으로부터 삶의 용기를 얻었던 것입니다.

지나간 어느 한 순간에 수술할 조건이 되어서 수술을 하였더라면 지금 온전한 내 육신을 가지고 있을까? 아니면 수술이 잘못 되어서 더 어려운 형편에 있을까? 여러 가지로 해답을 구해 보았습니다. 그러나 확실한 판단도 서지 않고, 복잡하고 헝클어진 내 마음을 수습하기란 쉽지 않았습니다. 머리에 올렸던 손을 내리고 정신을 차렸습니다.

'아니다!'

이 모든 것이 우상의 늪, 그 어둠 속에서 헤매며 온갖 고난의 연속으로 있으면서 깨닫지 못한 이 어리석은 영혼을 밝은 광명의 빛 속으로 인도하기 위한 하나님의 은혜였고 섭리였을 것입니다. 그래서 나는 다른 선택의 여지가 없다는 것을 마음 속 깊이 다짐하고 죽고 사는 것은 하나님 손에 있으니 어리석은 짓은 하지 않기로 하였습니다.

'이제 나는 살아도 주님의 것이고 죽어도 주님의 것이다.'

이렇게 마음속으로 다짐하고 병실 벽에 걸려있는 주님의 십자가를 한참 바라보았습니다. 하나님은 이 부족한 영혼을 자기 백성으로 만들기 위하여 절대 절명의 고난의 밑바닥까지 끌어내리셨다가 때가 되어 구원의 반열에 세우셔서 하나님의 선하시고 인자하신 복음의 도구로 사용하시기 위함임을 믿었습니다.

그러니 세상에서 이 영혼이 장애로 살아갈지언정 죽지 않고 사는 것이 하나님의 선하신 뜻을 이루는 것이고, 하나님을 위한 최선의 삶을 살아 그 영광을 하나님께 돌리며 사는 것이 옳은 길이라 생각하면서 스스로 나를 위로하며 돌아보았습니다.

할렐루야 아-멘.

어느 날 입원 병실로 지세포교회 박 광명 목사님과 유 순균, 반 석문 장로님 세 분이 찾아오셨습니다. 얼마나 고마웠는지 모릅니다. 감사했습니다. 척추를 수술했기 때문에 약 한 달 정도 상처를 치료한 후에 퇴원을 하였습니다. 수술을 했으면서도 부자유스러운 다리는 더 이상 고통스럽지 않은 것만 해도 감사했습니다.

나는 세상 사람들을 향하여 당당히 말합니다.

"내가 지체장애인이 된 것은 예수를 믿는 믿음의 증표(證票)이고 하나님의 섭리(攝理) 안에서 베푸신 역사의 증거(證據)인 것입니

다. 하나님의 강권적(强權的) 인도가 있었음을 확실히 말할 수 있습니다."

30일 동안 입원을 하였다가 퇴원을 하였습니다. 그 때에도 많은 척추수술 환자들이 병실에 입원하고 있었습니다. 병원을 나와서 터미널을 향해 내려오는 길에 교회의 십자가를 바라보습니다. 예수를 믿기 전에는 그 형상조차도 생각하지 않았고 보기 싫었던 십자가가 반갑게 내 눈 안에 들어옵니다. 그리고 내 가정은 이제부터 평안의 가정이 되고 주님이 주시는 평강의 가정이 될 것이라고 굳게굳게 믿고 믿었습니다.

조금 불편한 육신을 가지고도 주님 뜻대로 살기를 기도하며 내 나그네 길을 걸어 갈 것이라고 소망하면서 퇴원한 후 모처럼의 평안한 잠을 청하였습니다.

17. 성령께서 주신 구원의 확신

병원에서 퇴원하여 집으로 와 보니 예수님을 영접하여 믿음의 삶을 살겠지만 당장 코앞에 떨어져있는 궁핍한 생활은 근심과 걱정으로 점철되어 나의 마음을 숙연하게 만들었습니다.

이제는 비록 가난한 생활이었지만 마음만은 평온하였습니다. 우선 수술로 인해 지친 몸을 추스르고 미래의 꿈을 설계하면서 두 손 모아 주님께 소망의 기도를 하며 처음부터 다시 시작하여 은혜의 삶으로 살자고 기도했습니다. 그리고 주님의 택하심으로 지세포교회 교인으로서 또 하나님의 백성으로서 신자가 된 우리 가족들은 행복한 나날이 되고 온전한 생활하기를 소망했습니다.

수술을 하고 집에 와 있으니 교회에서 목사님과 사모님, 집사님들께서 우리 집에 심방예배를 드리고 가셨습니다. 내 마음이 한결 평안해 졌습니다.

이날 이 후에도 사모님과 집사님들이 자주 찾아오셔서 위하여 기도해 주셨습니다. 때는 농번기였는데 바쁜 농사철에 이웃에라도 가서 도와주고 품삯도 팔고 싶었지만 장애가 있는 몸이라 노동일을 할 수가 없었습니다.

그래도 주일이면 아이들과 함께 교회 나가는 것이 정말 즐거웠으며 아무런 이유도 없이 그냥 좋았습니다. 기도를 하고 나오면 너무 마음이 편하고 기뻤습니다. 무거운 짐을 지게에 지고 고개 마루에 올라가서 그 무거운 짐을 내려놓을 때의 그 홀가분한 마음 바로 그런 기분이었습니다. 예수님을 늦게 믿은 것이 후회스러웠습니다.

찬송 338장은 나의 영혼에 감동을 준 찬송입니다. 어두움의 뒤안길에 섰던 지난날들을 뒤돌아 볼 때 ……

"천부여 의지 없어서 두 손 들고 왔습니다. 주 나를 박대하시면 나 어디 가리까."

정말로 내가 장애를 입고 불편한 몸을 의지하며 두 손을 마주 들고 지난날들을 회개하면서 주님 앞에 섰지 않았습니까? 진정으로 우리 주님께서 나를 박대 하시면 이제는 더 이상 내가 나아갈 곳이 없었습니다.

한없는 사랑과 은혜로 이 큰 죄인이 믿음의 복을 받기 전에는 세상에서 내 뜻대로 내 고집대로 어둠의 길에서 방황하며 살았는데 구속의 은혜로 십자가의 보혈로 내 영혼의 평안함은 찾았으나 아직 내 육신의 삶의 어려움인 가난이 남아있었습니다.

아내가 미용 기술이 있어서 다행으로 끼니는 굶지 않았으나 시골 변두리에 개업한 미용실은 말이 미용실이지 사실은 조그만 한 공간에 시설도 변변찮았던 가게였습니다.

네 시작은 미약했으나 네 나중은 심히 창대 하리라(욥 8:7)

정말로 나의 먼 미래의 삶이 이 말씀대로 되기를 소망했을 뿐이었습니다. 수술 후의 하루하루 삶은 어려운 고통의 삶이었지만 이런 몸으로는 어디 일자리를 구할 수가 없었습니다. 때문에 먼저 연약한 몸을 정상으로 회복하는 것 외에는 다른 어떤 생각을 할 수가 없었습니다. 걱정이 태산(太山)이었습니다. 길도 없이 거칠고 개척하기 어려운 황량한 넓은 들판만이 내 앞에 펼쳐졌습니다. 잠시 외로움에 사로 잡혀있는 나의 뇌리에 무한히 넓은 사랑을 주신 생전의 어머니가 생각이 났습니다.

병든 자식을 위해 사랑의 수고를 아끼지 않으셨던 우리 어머니는 진작 당신은 아픔과 고통의 처절한 병석에서 임종을 바라볼 때까지 이 불효자식은 어머니 앞에 효도 한 번 제대로 해 보지 못한 것이 후회스러워 문득 문득 생각 날 때마다 내 가슴에 눈물이 고이고 못이 박혔습니다.

이 순간 지금 내 곁에 어머님께서 계셨다면 이런 외로움은 덜 했을 것입니다. 어머니를 바라보는 나의 안타까운 마음을 어찌 말로 다하겠습니까? 이 못난 인간이 그래도 영혼 구원을 받았으니 그래도 얼마나 다행입니까.

하나님 아버지께 생전에 육신의 부모님에 대한 나의 불효를 용서해달라고 회개의 기도를 하였고 그리고 내 가정에도 삶의 복을 달라고 기도했습니다. 하나님을 알고 믿음에 의한 자유인이 되는 길은 쉬운 일은 아니며 그렇다고 어려운 것은 결코 아니므로 예수를 믿는 믿음의 삶은 평강의 삶이요, 은총의 삶인 것을 확신했습니다.

  내 안에 신앙이 차츰 자리를 잡아 구원의 확신을 가질 때쯤 나는 엄청나고 중요한 꿈을 꾸고 성령하나님의 역사를 체험하였습니다. 지난 날 북두칠성이 깨어지던 꿈을 꾼 다음 두 번째로 하나님의 역사를 체험하는 꿈을 꾼 것입니다.

  어느 날 밝고 맑은 대낮이었습니다. 어느 크고 넓은 길에 서서 앞을 바라보고 있었습니다. 그런데 나의 양다리 밑으로 큰 비단 구렁이 두 마리가 자기들끼리 똘똘 꼬여서 머리 쪽부터 슬슬 기어 나오면서 저쪽 길 반대 편 으로 향해 기어가는 것이 아니겠습니까.

  크기는 아나콘다 같이 큰 놈이었고 검고 누런 색깔인 두 마리의 구렁이가 혀를 널름거리며 큰 눈방울로 나를 빤히 쳐다보는 것 같이 하면서 빠져나가는 모습이 아직도 선명하게 느껴집니다.

  '으윽! 뱀, 구렁이다!'

  구렁이구나 하고 깜짝 놀라며 뒤를 돌아보다가 정신을 차리고 보니 꿈이었습니다. 꿈을 깨고 나니 무섭고 소름이 끼쳐왔습니다. 이 꿈이 무슨 징조인가 하고 곰곰 생각을 해보았습니다. 정말로 현실과 같은 느낌의 꿈을 꾼 것입니다. 성경에는 이 구렁이가 사탄이라고 쓰여 있는 것을 보았기 때문에 사단이 나의 곁을 떠나가는 것이 틀림없었습니다. 이런 큰 구렁이의 사탄이 나의 곁을 떠나가는 꿈을 꾼 후 그동안 살아온 나의 그 비참했던 삶을 돌아보았습니다.

영육을 이 사탄이 자기의 올무에 채워놓고 무섭고 음흉한 행위로 그동안 나에게 얼마나 큰 고통과 고난을 주었는지. 지난날을 생각하니 참 어이가 없었고 황당하기 짝이 없었습니다. 이런 사탄의 역사 속에서 모든 것을 의지하고 살아온 불쌍한 영혼에게 성령 하나님은 인내의 한계가 다 되었던지 보잘 것 없는 나의 육신에 강권적으로 장애까지 입혀서 구속하시고 은혜로 인도하신 것임을 믿고 확신합니다.

이 꿈은 소름끼치게도 기분 좋은 꿈이었고 이때까지 맛보지 못하였던 즐거운 감탄과 감동의 꿈이었습니다. 이 꿈을 통해서 진정으로 기쁜 미래의 삶으로 평안(平安)하게 하나님의 은혜를 체험하게 된 것이었습니다. 할렐루야-아멘

다음날 밤도 나는 무심코 잠에 취하여 자고 있는 나에게 성령(聖靈) 하나님께서는 또 꿈을 통해 나에게 성령의 거룩하신 은사(隱私)를 내려주셨습니다. 정말로 두고두고 감사(感謝)했습니다.

오늘도 나는 피곤해서 잠들고 있었는데 옛날 어릴 적에 친구들과 함께 놀았던 공터에서 내가 고개를 들고 앞을 바라볼 때 내 앞에는 하얀 큰 간판이 가로로 세워져 있었습니다. 그 간판에는 이런 글자가 적혀 있었습니다. 나는 글이 적혀 있는 간판을 한참 쳐다보고 읽었습니다. 그 간판의 크기는 사방 1메타의 크기였고 그 간판에는 다음의 글자가 쓰여져 있었습니다.

간판에는 **잠언 3장 5-6** 성경 구절이 적혀 있었습니다. 나는 그

글을 다시 읽어보았습니다. 읽다가 꿈을 깨었습니다. 꿈을 깨고 일어나 꿈에 본 글자를 기억해 냈습니다. 꿈속에서 받은 가슴 벅찬 감동은 너무나 즐거웠고 나의 마음에는 기쁨으로 어찌할 바를 몰랐습니다.

망망대해에 목적 없이 떠가는 일엽편주처럼 삶의 목적 없이 방황할 수밖에 없었던 내 앞길에 하나님께서는 이렇게 크신 은사를 내려주신 것입니다. 나는 성경의 상식이 아직 없었던 터라 놀래는 마음으로 성경을 가져다가 찾아보았습니다.

너는 마음을 다하여 여호와를 의뢰하고 네 명철을 의지하지 말라 너는 범사에 그를 인정하라 그리하면 네 길을 지도하시리라(잠 3:5-6).

이 말씀은 나의 확실한 믿음의 삶을 인도해 주신 말씀이었고 내가 어떻게 살아가야 하는 것인지 삶의 길을 알려준 말씀이었습니다. 그동안 내가 하나님을 너무나 모르고 앞뒤도 분별없이 넓은 길만 향하여 아무런 대책도 없이 이렇게 바보같이 살았었구나.

이제부터는 지나온 세월처럼 살지 말고 무슨 일이든지 생각하고 말씀대로 살아가라는 사랑의 하나님이 나에게 주시는 크고 넘치는 은혜의 말씀이었습니다. 주님이 주시는 복된 이 은혜의 말씀을 깊이깊이 마음에 새기고 앞만 보고 열심히 살았습니다.

지금 글을 쓰는 이 시간 후 내 남은 생애도 주님 안에서 성경말씀을 통한 유비무환의 삶으로 살아 갈 것입니다. 이제야 철이 드나봅니다. 한 가지 덧붙이고 싶은 말은 여러분들도 모두가 성경 말씀대로 살기를 원합니다.

큰 딸 은주가 대학교를 졸업 할 때 이 은사의 말씀을 받은 꿈 이야기를 해 주었습니다. 은주, 둘이, 경환이가 무슨 일이 있어도 믿음을 지키고 말씀대로 살아가기를 원했습니다.

예순 살이 넘은 지금도 내 자녀들한테는 너무너무 고맙게 생각하고 있습니다. 아버지의 고달픈 세상을 알고 너무나 착하게 잘 자라 주었고 자기의 삶을 개척하고픈 마음가짐에 대하여 나는 가슴 뿌듯하게 생각하며 천국에 갈 때까지 자녀들을 위하여 하나님께 기도할 것입니다.

이 후로 나는 더욱 확신에 찬 신앙으로 주님을 바라보며 성경 속으로 들어갔습니다. 이제는 너의 뜻대로 넓은 세상의 길을 가지 말고 지나가기 어렵고 수고가 되는 좁은 길 비아 돌 로사의 그 길이 주님의 길이니 열심히 가거라. 그 길이 너의 복된 길이리라 이런 말이 나의 등 뒤에서 들리는 것 같고 재촉하는 것 같았습니다. 그리고 하나님은 부족한 나에게 많은 은혜를 베풀어 인도해 주셨습니다.

베풀어주신 그 많은 은혜 중에서도 중요한 것은 꿈을 통해 네 번의 은혜를 베풀어 하나님을 체험하게 하시고 은사 주셨음을 증거하므로 다시 여기에 수록합니다.

첫 번째는 내가 결혼을 앞두고 선을 본 후에 북두칠성이 깨어져 내린 꿈은 내가 그 처자와 결혼을 하였더라면 지금의 내 모습은 없없을 것입니다.

두 번째는 나의 고난을 주장했던 사악한 구렁이(사탄)를 꿈을 통해 쫓아주시고 성령의 은혜가 나의 영혼에 임재하심을 보여주셨습니다.

세 번째는 잠언 3장 5-6절 말씀의 은사를 허락하시고 믿음 안에서 세상을 온전하게 살아가라는 꿈을 통한 증거의 은혜를 주셨습니다.

네 번째는 20년이 지난 후에(2005. 5. 8.) 꿈을 통해서 천국을 확신 시켜주신 것입니다.

다섯 번째는 내가 엄청난 시험에 빠져 그동안 쌓아올린 영적 자존심이 무너지는 2007년도였습니다. 다른 교회를 옮겨 가기 위해 떠나려고 했는데 하나님은 또 꿈을 통해서 가지 못하게 했습니다. (이 꿈에 대한 설명은 뒤 제목 22번에 있음을 말씀드립니다).

이렇게 하나님께서는 부질없었던 나의 평생을 통해서 당신의 영광을 위하여 역사의 증거를 체험시키고 증표를 남겨 주시어 베풀어 주신 은혜의 증거를 간증할 수 있도록 하신 것입니다.

다시 한 번 우리 하나님께 감사를 드립니다.

무덥던 여름은 세월만큼이나 빠르게 지나 그렇게도 무더웠던 삼복더위도 처서를 고비로 더위는 한 풀 꺾이면서 아침저녁으로는 서늘한 가을의 분위기를 몸으로 느낄 수 있었습니다. 어느 정도 몸도 기운을 차려 회복이 되었고 해서 다시 운반선으로 승선할 수 있는 자리가 있는지 알아보기로 하였습니다.

다음 해에 승선을 하기 위해서는 3-4개월 전에 승선할 수 있는 배를 알아보아야 되기 때문이었습니다. 그러기 때문에 부산으로 몇 번 올라가서 아는 사람을 만나 부탁을 해 놓고 기다리고 있을 때 갑자기 문제가 생겼습니다.

일자리를 구하기 위해 동분서주 하고 있는데 주인이 방을 빼라고 하는데 참 기가 막혔습니다. 갑자기 어디를 가야할지 막막했습니다. 자기들이 쓰겠다고 하는데 어쩔 수 있습니까. 마누라가 미용실이라고 조그만 가게를 하고 있으니 멀리 가지를 못하고 옆집으로 단칸방을 얻어 짐을 옮겼습니다.

지세포에 와서 셋방을 다섯 번째 옮깁니다. 말이 다섯 번이지 이사 한 번 할 때마다 비참하기 그지없었습니다. 어린 것들을 셋을 데리고 자존심 죽이고 사정하면서 남의 집 문간방을 전전한다는 것은 서럽고 가슴에 한이 맺히고 눈물 나는 일입니다.

변변치 못한 가재도구들이지만 몇 번을 옮겨야 되고 이사를 할 때마다 궁상에 찌들고 남 보기에 부끄럽고 불쌍하게 보이는 것이 그렇게 자존심을 상하게 만들 줄이야 당하여 보지 않은 사람은 모릅니다. 언젠가는 내 집을 마련하여 이사를 갈 날이 오겠지 이를 악물고 하던 이 말 한마디는 나에게 가난한 삶의 추억 속에 슬픈 음률의 서곡이었습니다.

주안에서 살아가는 영적인 삶은 예수 그리스도 안에서 기쁨의 삶

이지만 육신의
가난한 삶은 말
할 수 없는 나의
힘든 생활이었습
니다. 고달픈 생
활의 가난 속에
서도 주일이 기
다려지는 즐거운
신앙생활이었습
니다. 날마다 하
나님 앞에 감사
하며 살았습니

다. 이제는 나의 남은 세월은 우리 주님이 가신 길을 좇아 십자가

푯대를 향하여 충성하고 봉사하며 헌신의 도구로 주님을 늘 섬기면

서 살아 갈 것이라고 다짐했었습니다.

**구하라 그러면 너희에게 주실 것이요 찾으라. 그러면 찾을 것이요 문을 두드리라 그러면
너희에게 열릴 것이니(마 7: 7)**

이렇게 주시는 말씀대로 구하고 찾고 두드리면서 살아가면 하나

님이 주시는 복이 임할 것이라고 넌지시 눈을 감고 묵상으로 기도

해 보았습니다.

어머니 틀니

60년 전
팔 남매 낳아
칠남매를 키우셨던
우리 어머니

어머니의 치아는
풍치로 인해 볼이 부은 일은 허다했고
밥도 드시지를 못한 여러 날들
그래도 그 시절에 진통제
사리돈이 있었기에 다행이었다.

생전에 좋은 음식 한 번 편히 못 드신
우리 어머니
치과에 가시자고 하면은
치아를 빼면 생명에 위험이라 마다하여

애지중지 금반지만 끼셨던
우리 어머니
어지시고 소박하시고
이웃 간에 우애 깊으시던

우리 어머니

틀니를 못해 드린
마음 아픈 우리 칠남매

어머니의 빈자리

어머니---
애타게 불러보는 그 이름
달빛아래 홀로
눈물로 긴 밤 새우며
이슬에 젖은 사랑의 혼

옷섶 매무새 고쳐주시고
흐르는 콧물 닦아 주시던
어머니의 애틋한 사랑의 손길
생전에 잃어버린 긴 세월
나의 곁에 아침 이슬처럼
어머니의 사랑이 젖어옵니다.

순결한 여인
그림자도 없는 자리
곱게 물든 황혼에 젖어
돌아보는 당신의 그리움
어머니의 빈자리에
나 또한 늙었습니다.

(o. p 완장 빌려 차고
고향 생각하며 편지를 읽고)

18. 선망 운반선 선장(船長)

여호와의 소리가 물 위에 있도다. 영광의 하나님이 뇌성을 발하시니 여호와는 많은 물 위에 계시도다(시 29:3).

꽁꽁 얼어 있던 겨울이 봄 안으로 소멸의 계절을 맞이하는 늦추위였습니다. 봄을 시샘하는 3월의 꽃샘추위가 화창한 봄날을 기다리는 길손들의 움츠렸던 걸음을 재촉합니다. 봄을 부르는 아름다운 개나리꽃 진달래꽃이 아지랑이 속에서 피어나고 종달새 노래하는 계절이 도래하고 있었습니다.

몸은 육지에 있으나 마음은 항상 파도치는 바다 위에서 항해하는 생각뿐, 한 달 두 달을 주일이면 교회 가는 것 외에는 별다른 일이 없는 할 일 없는 백수였습니다.

배를 승선하기 위해 인맥을 통해서 몇 군데 부탁을 해 놓았으니 설마 갑판원 자리라도 있으면 갈 것이라고 어디서든 연락오기만을 기다리면서 죄 없는 담배만 태우며 세월을 보내고 있던 1984년 3월 20일 아침시간이었습니다.

벨소리도 요란하게 한 통화(通話)의 전화가 걸려 왔습니다. 할 일 없는 백수한테는 전화 받는 것도 즐거운 일이었지요. 수화기를 들고 전화를 받아보니 부산에서 처형의 남편인 큰동서에게서 전화가 온 것이었습니다.

그 당시에 동서는 신성수산 신성 102호 운반선 기관장으로 있었는데 신성 102호 선장을 해 보겠느냐고 물어보는 것이었습니다.

"동서(同壻) 운반선 선장을 해 보겠나?"

그 말을 듣는 순간 나는 얼마나 기뻤는지 모릅니다. 그 시간에는 내 몸이 하늘로 날아가는 기분이었습니다. 당시에는 갑판원으로도 승선하기가 어려운 때였습니다. 그런데 선장이라니요. 내가 지금 꿈을 꾸고 있는 것 같았습니다. 하나님의 은혜의 역사는 이렇게 또 이루어지고 있었습니다.

아직까지는 선장으로 승선한다는 것은 상상도 해 보지 않았습니다. 그리고 내가 선장으로 가기 위하여 인맥을 통하여 부탁을 한 적도 없었습니다. 선장을 한 번 해 보고 배를 하선한다는 소망은 갖고 있었지만 이렇게 빨리 선장으로 요청받을 줄은 정말로 꿈에도 생각해보지 않았습니다.

그런데 내가 지금 선장으로의 승선 요청을 받고 있는 것입니다. 생각하고 말고가 어디 있겠습니까? 한 마디로 승낙 했지요.

"형님 선장 하고말고요. 선장 합니다! 지금 당장 부산으로 올라갑니다!"

하고는 수화기를 놓고 하나님께 감사했습니다. 하나님께서 나 같은 자를 불쌍히 여기시고 선장이라는 선박 최고의 직책으로 인도하시고 능력과 은혜를 허락하신 것입니다. 시간을 지체하지 않고 짐을 챙겨 기쁨과 희망의 나래를 펴고 부산으로 올라갔습니다.

신성수산 사장님을 만나서 면담을 하고 최선을 다하겠다는 다짐을 하고 사장님의 승낙을 받았습니다. 그리고 선원들 모집에 들어갔습니다. 본래 선장으로 고용된 사람이 갑자기 아니 우연찮게 하선할 문제가 생겼기 때문에 새 선장을 고용하는 중에 그 배 기관장으로 있는 동서가 사장님으로부터 허락을 받아 그것도 우선순위로 직답을 받았다고 합니다.

동서에게 정말 고맙다는 말을 전했습니다. 선장을 서로 하려고 줄을 서서 기다리고 있는 터인데 초보자인 나를 선택한 것은 인간적인 문제인 인맥도 무시할 수 없지만 전적인 하나님의 인도하심과 선하신 은혜임을 지금도 나는 믿고 있습니다. 아-멘

선원들 모집을 다하고 부산항만 관리청 선원 과에서 선원들의 선원수첩에 고용계약을 명시했습니다. 그런데 한 가지 문제가 나의 마음에 걸렸습니다. 해상(海上)사업을 하는 분들은 모두가 우상을 섬기면서 굿하는 관습이 있었기 때문입니다.

신성수산 사장님 댁도 예외가 아닌 불교 신자로서 사장 어머님은 우상(偶像)들을 섬기는데 혈안(血眼)이 되어 있었습니다. 집안에 부적은 물론이고 냉수를 떠 놓고 매일 아침마다 손을 비비고 일 년에 네 다섯 번은 전국 큰 사찰 세 군데를 다니며 불공을 드리면 좋다는 이유로 절을 찾아 다녔습니다. 그러니까 선원도 아니고 선장인

내가 예수를 믿는다고 하면 날벼락이 날 것은 뻔한 사실이었습니다.

자기 재산(財産)과 선원들의 생명(生命)을 책임지는 선장(船長)으로서 자기들이 제일 싫어하는 예수를 믿는다고 하면 그 다음은 선장의 직책(職責)을 박탈당할 것은 뻔한 것이었습니다.

선주는 자기중심의 견해에서 책임자(責任者)를 선임하는 것이 일관된 통념(通念)이었습니다. 그러므로 고용된 책임자는 선주의 사고방식에 맞지 않으면 이것은 물어보나마나 보따리를 싸야 되는 것이 사실이었습니다. 그래서 나는 생각 끝에 크리스천이란 것을 함구하기로 하였습니다.

마음에는 양심에 가책이 들어 하나님께는 미안한 마음이 들었지만 그러나 어쩔 수 없었습니다. 목구멍이 포도청이라 먹고살기 위해서는 눈을 감았고 더욱더 말을 해서는 안 되는 것은 선장의 직책을 놓치고 싶지 않았습니다. 그러나 이런 함구한 문제는 진실로 나의 연약한 신앙생활에 기인되었는지도 모릅니다. 다행이 아무 일 없이 선체 수리에 들어갔습니다.

선장으로서 선체와 기관을 약 20일 동안 선원들과 힘을 합쳐 깨끗하게 그리고 원만하게 수리를 다 끝마쳤습니다.

영도에서 배를 돌려 자갈치에 있는 제빙 공장에서 얼음과 기름과 물을 선적하고 현장에서 호출하면 즉시 출항할 만반의 준비를 갖추고 대기하고 있었습니다. 매일 아침 일찍이 전 선원들이 일어나서 배 안 여러 곳에 물을 뿌리고 깨끗하게 청소를 하며 하루의 일과를 시작하면서 시간을 보내고 있었습니다.

이런 지루한 날들을 보내면서 언제 현장에서 호출할까 하고 전 선원들은 기다리고 있었던 것입니다. 이 날도 전 날과 같이 하루를 준비하고 있던 아침 8시경에 마침내 본선에서 무전 호출이 왔습니다. 나는 긴장했습니다.

"신성 102호"

"예! 여기 102호"

"제주 한림으로 오시오."

"예! 102신성호 한림으로 향해 출항합니다."

조금 있으니 회사에서도 출항하라는 연락이 왔습니다. 회사의 출항 지시를 받고 첫 처녀출항을 하기 위해 벅차고 담담한 마음으로 모든 선원들에게 출항 준비를 지시했습니다. 나도 조타실에서 출항에 대한 모든 준비를 마쳤습니다. 갑판장이 항만청에서 출항신고를 하고 돌아왔습니다. 이제는 항해사가 아닌 선장으로서 선박 전체를 통솔하는 내 감정은 감개무량했습니다.

'하나님 아버지 은혜 가운데 102신성호 출항합니다. 안전 항해로 인도하여 주시옵소서!'

이렇게 기도를 한 후 대리그람에 손을 잡고 기관실을 향해 스탠

바이 신호를 보내는 나의 손은 떨리고 심장이 뛰었습니다.

따르릉 따르릉- 딱하고 대리그람 침을 중심에 갖다 놓았습니다. 스탠바이 신호가 기관실에 전달됐습니다. 그런 즉시 기관굴뚝에서 쿠우 쿵쿵하고 기관의 시동이 걸리면서 배의 선체가 흔들렸습니다.

"타선과 메어졌던 밧줄(모야)을 모두 풀고 앵카(닻)를 감아라."

선장으로서 첫 번째 선원들로 향한 지시였습니다. 이제야 출항을 하게 되는구나.

신성 102호 운반선은 초보 선장의 항해지시로 출항의 뱃고동을 울렸습니다. 항만을 빠져나온 신성 102호는 전속력으로 항해를 하기 위해 전령기에 손이 올라갑니다. 따르릉 따르릉 대리그람을 몇 번 흔들어 전속 위치에 침을 가져다 놓았습니다. 기관소리는 숨 가쁜 소리를 내면서 배는 제주를 향해 물살을 헤치며 전속력으로 달려가고 있었습니다. 부산에서 제주 한림까지는 알고 있는 항로라서 별반 어려움 없이 항해를 할 수 있었습니다.

새벽녘에 거문도 등대를 확인한 초보 선장은 무사히 아침시간에 제주도 한림 항에 본선과 합류하여 본선 따라 정박을 했습니다. 나의 가슴에는 감격이 넘치고 있었습니다.

"최 선장 축하 합니다."

선단의 선장들과 선원들은 모두가 축하를 해 줍니다. 나는 감사했습니다. 축하를 해 준 신성 88호 운반선 선장은 5년의 경력을 갖고

있는 베테랑이었습니다. 이날 오후 해질 무렵에 정박했던 모든 본
선들은 출어를 하기 시작합니다.

우리 102신성호는 다음 항차로 배당을 받았기 때문에 오늘밤은
대기 선으로 한림 항에서 시간을 보내야 했습니다. 그러니 우리는
한림 항에서 그 시원한 생맥주로 선장 진급의 기분을 만끽하며 마
음껏 마시고 곤드레만드레하여 한림 항에서 한 곡조 메아리를 남기
며 술에 취한 몸을 간신히 선원들의 부축을 받아서 배로 올라와 잠
을 청하였습니다. 생맥주에 취한 선장 진급의 기분은 술이 깨면서
잠시였지만 11명의 선원들의 생명과 선박의 모든 재산을 책임져야
할 선장으로서의 두려움이 조용한 파장으로 나의 가슴으로 밀려왔
습니다.

기상이 나빠지면 선내 모든 물건들은 움직이지 못하도록 밧줄로
묶고 배가 파도를 뚫고 물속으로 들어가더라도 어느 한 가지의 물
건도 물속으로 들어가지 못하도록 완전무결하게 준비를 하는 것이
선장의 우선 책임이었습니다. 그리고 선박의 안전 항해에 내 전부
를 다하는 나만의 힘겨운 싸움으로 외로움과 고독이 밀려오는 것도
선장의 위치였습니다. 첫 부선으로 현장에서 폭풍주의보가 발효 중
인 가운데 선단들을 따라 거문도 항으로 피항 중에 있었습니다.

성령 하나님께서는 이 폭풍 속에서도 선장인 나를 지켜주심을 믿
고 기도하며 파도를 헤치면서 거문도 항(港)을 향해 항해(航海)를
하고 있었습니다.

남해의 거문도(삼도) 항은 제주도로 가는 항로에 위치한 섬으로 앞에서 잠시 명시했지만 다시 적어봅니다. 거문도 섬은 태풍의 피항 항으로서는 유일한 섬이고 선원들의 안식처로도 아름답고 손색 없는 섬이었습니다. 대흑산도 못지않게 쓸쓸하지 않고 외롭지 않은 곳이 거문도입니다.

거문도에는 많은 술집들이 있고 아가씨들이 있었기 때문에 선원들의 회포를 풀어 주는 데는 그저 그만이었고 멋진 추억을 만드는 섬이었습니다. 거나하게 마시고 취하면 노래가 흘러나오는 남해의 유량섬 그 정취를 만끽하는 섬이기도 했습니다.

부어라 마시어라, 인천 항구야, 잘 있어요, 부산항아, 동서양 넘나드는, 부기부기 키타 부기, 한 참 무르익어 시간가는 줄도 모르고 마시고 놀다 늦은 밤 시간이 되면 항구의 온 술집들이 노래 소리로 절정에 이르다가 선원들은 한 사람 한사람 자기 처소인 배로 올라갑니다.

술에 취해 몸을 못 가누는 사람, 길거리에 쓰러져 자는 사람, 2차로 가는 사람, 행행 각색으로 술이 춤을 출 때 밤은 새벽을 향해 달려가는 남해의 섬 거문도이기도 합니다. 술집마다 메아리치던 노래 소리는 새벽을 향해 잠이 들었고 거문도 항의 떠오르는 구름 속의 태양과 갈매기의 울음소리는 거문도의 새로운 아침을 알립니다.

낮 동안에는 푹 쉬었다가 저녁노을이 지면 어느 곳에 있는지 알 수 없는 고기 떼를 찾아서 정박했던 배들은 모두가 누가 먼저 할 것 없이 출어를 하고 나면 북적이던 항만 안에는 또다시 조용한 적막이 감돕니다. 어제의 밤은 옛날로 돌아가고 내일의 밤을 맞이하면서 거문도 사람들의 삶은 영원이 이어져 가고 있었습니다.

만군의 여호와 하나님은 이 부족한 것을 택하여 영적인 삶을 인도 하셨지만 선원생활을 한다는 것은 신앙생활에는 아무런 도움이 되지 않았으며 많은 애로가 있었습니다.

나의 마음속에는 하나님을 늘 생각하고 있지만 행위로서는 한 가지도 믿음의 입증이 나타나지 않았고 하는 일 모든 것이 죄만 짓고 있었습니다. 신앙생활에는 한 가지라도 도움이 되지 않았으니까요.

담배는 골초였고 술은 말술이며 입으로 나오는 말마다 욕설로 시작하여 욕설로 끝나는 선장으로써의 행위가 어디 예수쟁이라고 할 수 있었겠습니까? 하나님 영광만 가리는 불쌍한 영혼이었지요. 그러나 술과 담배는 선박생활과 선장의 직무를 수행 하는데 최선의 낙이었고 스트레스를 푸는 최고의 양약이었습니다.

이렇게 살다 보니 신앙양심의 가책을 받을 때가 많이 상존하고 있는 것은 사실이었습니다. 선원들은 내가 하나님을 믿는다는 것은 이때까지 아무도 몰랐습니다. 그래서 나는 항상 미안한 생각이 많이 들 때가 있었습니다. 그래도 택한 백성이라 하나님의 역사는 나를 통해서 나타나고 있었습니다.

고기를 싣고 회선을 할 때 풍랑이 일어 항해에 어려움이 생길 때에는 조타실 창문을 열어 놓고 마음속으로 기도를 합니다. 그렇게 기도를 하고 항해를 하다보면 이상하리만큼 잔잔해지는 바다를 체험할 수 있었습니다.

이런 은혜의 체험들이 자주 나를 감동시키고 많은 일을 통해서 확신할 수가 있었습니다. 하나님은 나를 사랑하신 것만은 틀림없었습니다. 나는 확신하고 있습니다.

한 척의 배를 책임지고 운행한다는 것은 정말 말 못할 사연이 많습니다. 선장으로서 그 직무의 책임을 다한다는 것은 정말 어렵고 고독한 직업이었습니다. 더군다나 운반선 선장은 고기의 신선도 유지가 최고의 책임이었습니다. 다음은 어가(가격)이고 숫자입니다.

나는 선장으로서 고기의 신선도 유지를 위해 많은 신경을 쓰면서 고기 운반에 최선을 다했습니다만 선어(고기)를 운반해 와서 부산 어판 장에서 하역을 했을 때는 고기의 신선도는 이상할 정도로 나쁩니다. 한 두 번이 아니고 번번이 이런 일이 발생하고 있으니 판매 과장이 짜증을 내면서 한 마디를 합니다.

"102호는 어째서 이렇게 썩은 고기를 싣고 오는 거요."

선장인 내 역시도 화가 치밀어 올라오는 것을 느낄 수 있습니다. 내가 고기를 보아도 비교가 됩니다. 정말 할 말이 없었습니다. 고기를 실을 때 다른 운반선과 꼭 같은 방법으로 고기를 싣고 얼음 반 고기 반으로 혼합하여 선적해 옵니다. 그렇게 하는데도 이상하게 신선도 유지는 안 됩니다. 아무리 생각을 해보아도 아무런 이유가 없었습니다.

88호보다 한 격 떨어지고 숫자도 모자라고 어가도 한 시세 떨어지고 있으니 정말로 머리가 아프고 선장의 체면이 말이 아니었습니다. 숫자는 고기의 신선도가 안 좋아 상자에 많이 들어가니 숫자는 적을 수밖에 없었습니다.

아무리 얼음을 많이 넣고 냉장을 하여도 선도 유지가 되지 않는 것은 무슨 징조인지 선장으로서 그 책임과 능력을 통감할 수밖에 없었습니다. 전 선원들이 정말 선도 유지를 위해 온힘을 다 쏟고 있었습니다. 그렇게 노력과 수고를 하여도 수고의 보람은 나타나지를 않고 신뢰보다 불신만 가중되고 있었습니다.

나는 고기만 싣고 오면 스트레스를 받았고 도무지 어떤 묘책이 나오지를 않았습니다.

'예수를 믿으니 이런 변이 나타나는 것일까?'

이런 생각도 해 보았습니다. 기관장인 동서의 인맥을 통해서 선장 자리를 유지하고 있다는 것을 알았지만 하나님은 인맥을 통해서도 역사 하신다는 것을 알았습니다. 그리하여서 나의 밥줄이 알게 모르게 연장되고 있었습니다.

하나님 보좌 앞에 나아가서 신령과 진정으로 예배드리며 믿음의 삶을 살아야 하는데 선박생활의 어려움 때문에 교회를 출석하지 못하고 죄만 짓고 있는 이 부족한 것을 우리 주님께서는 염려의 손길로 붙들어 주셨다는 것을 확신했습니다.

  그리고 주안에서 신앙의 삶을 살아야 되는 것이지만 선장의 직무만을 충실히 이행하는 것만 최고로 생각하였습니다. 그러나 이 미련한 자에게 우리 주님은 안타까운 모습으로 고기 선도를 시험의 대상으로 하선의 별미를 진작부터 만들어 가고 있었다는 것을 진행과정을 통해서 알았습니다.

  그 전에는 주님의 시험의 대상이 된 신선도 관리의 이런 어려움과 시행착오에도 깨닫지를 못하였고 속수무책으로 고기 신선도 때문에 고역을 치르면서 198 4년도 회사와의 고용계약을 무사히 마쳤습니다.

(설악산에서 저자)

19. 안개 속에서 구원하신 성령 하나님

주께서 나를 인도하사 광명에 이르게 하시리니 내가 그의 의를 보리로다(미 7:9).

선망 선단의 모든 선원들은 일 년 고용을 원칙으로 하기 때문에 다시 재고용의 신임을 얻어야 되는 것이 어려움이었습니다. 그러나 작년에 있었던 신선도 유지로 인해 솔직히 재고용이 어려울 것이라 생각하고 무척이나 걱정을 하고 있었습니다. 그래서 나는 혹시나 하선 조치나 당하지 않을까 염려하고 있었는데 사장님은 고맙게도 재고용을 허락해 주셨습니다.

선장으로 재고용 계약을 맺었지만 사장님에게는 한편으로는 미안했었고 고맙고 감사했습니다. 선장의 직무를 다하지 못한 주제에 선장으로 다시 승선을 하였으니 나 자신이 부끄럽고 할 말이 없는 것은 사실이었습니다.

진정으로 내가 하선을 당하였더라면 내가 먹고 살아가는데 많은 어려움과 역경 속을 또다시 걸어야 하며 가난의 굴레에서 벗어나지 못하고 힘든 현실 속에서 살았을 것입니다. 그러나 우리 주님께서는 은혜 안에서 이번에도 동서의 인맥을 통해서 사장의 마음을 움직였을 것이라고 지금도 믿고 있습니다.

85년도에는 배를 바꿔서 신성 88호 선장으로 기대에 희망을 걸고 금년에는 뭔가 좀 잘되어서 선장으로서의 체면을 세워야 할 것이라고 단단히 준비하고 선장의 직무에 임했습니다.

해가 바뀌어도 여전히 사장 집 사모님의(사장 어머니) 우상숭배는 그칠 줄을 모릅니다. 온갖 잡신들을 섬기면서 절은 큰 절만 다니며 무당들을 불러서 굿은 기회만 되면 벌립니다. 귀가 찰 노릇입니다. 그럴 때마다 마음은 항상 괴로웠고 양심에 미안한 생각이 드는 것은 어쩔 수 없는 것이기에 무시할 수밖에 없었습니다. 배가 처음 출어를 할 때는 의무적으로 하지만 고기가 잡히지 않으면 현장에서 큰 굿판을 벌립니다.

항만 외항에 닻을 놓고 선내에서 굿판이 벌어지면 간부들은 전원이 나와서 앞에 차려놓은 우상의 제물을 향해 절을 해야 합니다. 어이없는 일이 벌어지는 현실에서 무슨 할 말이 더 있겠습니까?

"하나님 어찌 하오리까? 내가 여기서 어떻게 피해 가겠습니까?"

연약한 믿음이기에 그리고 밥줄을 지탱하기 위해서는 하나님께 죄를 짓는 줄 알면서도 전 간부들과 함께 마음에 없는 우상의 제물 앞에 절을 해야 하는데 억지로라도 그 자리에 서야 되기 때문에 내가 선장으로 승선한 것이 죄였습니까.

연약했지만 신앙 양심은 있어 마음이 괴로웠습니다. 마음은 원이로되 행위는 한 가지도 하나님의 뜻대로 행하지를 못했습니다. 일백 톤의 한정된 바다의 공간에서 빠져 갈려고 해도 빠져갈 수 없었던 절박한 처지에 놓여 있었던 것입니다.

본선이 고기를 잡지 못하고 온 바다를 헤매고 다니던 늦은 봄날에 제주 성내 앞 해상에서 회사는 아주 큰 굿판을 벌였던 일이 있었습니다. 굿을 하면서 돼지 한 마리를 통째로 바다에 던져 귀신들한테 주어서 그랬는지는 모르겠으나 그날 저녁에 본선이 고기를 잡았습니다. 그러나 고기는 그날 저녁 뿐이었습니다.

회사는 고기를 많이 잡지 못하면 사장은 머리가 아프지만 선원들도 배가 고프답니다. 그리고 먹고 사는데 지장을 받는 것은 당연한 것 아닙니까. 어떻게 되었든지 회사가 잘 되어야 모두가 잘되는 것입니다. 이 말은 지극히 옳은 말이고 당연지사인 것 아닙니까.

우리나라 날씨는 5-6월이 되면 해상에는 무서운 안개가 자주 발생하여 항해하는 선박들을 괴롭게 합니다. 1985년 6월이었습니다. 날짜는 기억이 잘 나지 않습니다. 그날도 며칠 동안을 어탐만 하던 본선은 제주 비양도 앞 해상에 자욱이 끼어오는 안개도 무시하고 어탐을 하고 있었습니다.

그 날의 안개는 아주 두껍게 시야를 덮어오는 무서운 안개였습니다. 평소에는 안개가 끼어도 보통으로 끼었다가 곧 소멸되고 하였는데 그 날의 안개는 간단히 생각할 성질의 안개가 아니었습니다. 너무나 두껍게 남해의 바다를 온통 덮어버렸습니다.

레이더가 있어도 어렵고 까다로운 항해를 해야 하며 마음 놓고 항해를 하지 못하는 것이 바로 안개 속의 항해입니다. 전 선원들은 눈뜬장님이 되는 순간이기 때문입니다.

처음에 88호를 바꿔 승선하면서 레이더가 고장으로 사용이 불가능 하다는 것을 알았습니다. 그래서 새것으로 설치하기로 회사와 약속을 하고 레이더 없이 몇 항차 운항을 하다가 이 무서운 안개천지의 계절을 만난 것이었지요. 이날 본선이 투망한 해상은 제주도 서쪽 비양도 N. 5 마일 해상에서 안개 속의 투망을 하는 것이 아니겠습니까.

나는 이 고기를 선적해야 하는 책임을 거부할 수가 없었습니다. 레이더 설치가 되어 있는 102호가 고등어를 선적하고 부산으로 회선을 하였기 때문에 현장에는 대차 선(代借 船)이 없었습니다. 어쩔 수 없이 88호가 고기를 선적할 수밖에 없었습니다.

안개는 가시거리 반경 10미터 거리도 안 보였습니다. 아주 두터운 안개가 무섭게 신성 88호를 덮어오고 있었습니다. 나는 피할 수 없는 책임을 다할 수밖에 없었습니다. 어렵게 안개 속을 뚫고 그물을 차고 고기를 선적하였습니다. 이제 고기는 선적했고 항해의 주사위는 던져졌습니다.

신성 88호는 부산을 향하여 항해(航海)를 해야 하는 절박한 운명에 처해 졌으며 나는 담담한 마음으로 항해 계획을 세우고 출발 준비를 했습니다.

　본선으로부터 현재 위치를 확인 받고 나는 선장으로서의 책임을 통감하면서 겁도 없는 무모한 항해를 하기 위해 해도를 놓고 여서도와 거문도를 확인했습니다.

　삼각자를 해도에 올려놓고 먼저 여서도 코스를 잡았습니다. 여서도가 확인이 되면 거문도 등대를 코-스로 … , 그 때까지 안개가 개이지 않으면 어느 위치에서 닻을 놓을 것이라고 항해 계획을 세웠습니다. 그리고 코스와 시간을 확인했습니다. 정확한 시간이 제일 중요했습니다. 시간이 맞지 않으면 모든 것이 수포로 돌아갑니다.

　갑판장과 전 선원들에게 비상 당직 근무에 임하라고 지시를 내리고 그리고 배 선수에 두 사람을 세워 한눈을 팔지 말고 앞을 주시하라고 하였습니다. 그리고 기관장을 불러 조기장한테 지시해서 기관에서 절대로 멀리 가지 말고 정신 차리고 변속기(클러치) 앞에서 대리구람 소리에 귀를 기울이라고 일렀습니다.

　눈을 감고 길을 걸어가는 것과 같았기 때문입니다. 어디에서 무엇이 어떤 장애물이 앞을 가로막을지 모르는 일입니다. 안개가 이기든지 내가 이기든지 죽지 않으면 살 것이라는 각오로 나는 마음을 가다듬고 항해에 임하였습니다. 그리고 안개 속에서 아무런 사고 없이 무사히 항해 하게 해 달라고 기도했습니다.

　안개는 너무나 두껍게 끼어 있었습니다. 배 주위 약 10메타 전방에는 아무것도 보이지를 않습니다. 두터운 안개 속을 신성 88호만이 앞을 가로질러 외롭게 안개를 헤치며 달려가고 있었습니다. 혹시나 앞에 통통배라도 지나가다 선박과 마주칠세라 마음은 조마조마 신경이 곤두서고 있었습니다.

키를 잡은 갑판원한테 코스를 지시하고는 담배 한 대를 입에 물고 긴 한숨과 함께 담배 연기로 긴장된 마음을 달래면서 조타실 창문 밖을 내다보고 있었습니다.

두려워 말라 내가 너와 함께 함이니라 놀라지 말라 나는 네 하나님이 되리라 내가 너를 굳세게 하리라 참으로 너를 도와주리라 참으로 나의 의로운 오른 손으로 너를 붙들리라(사 4:6-7)

지나가는 안개 속에서 환상과 가상의 물체들이 나의 시야를 어지럽히며 지나가고 있었습니다. 얼마의 시간이 지나갔는지 시계를 보고 시간을 확인해 보았습니다. 시간은 두 시간 정도를 지나 아직은 아무런 사고 없이 배는 안개 속을 달려가고 있었고 여서도를 통과할 시간은 아직 두 시간을 더 지나야 통과할 수 있었습니다.

그 때에 내 귀에 트랜지스터라디오 소리가 새롭게 들려왔습니다. 항상 듣고 있는 라디오 소리지만 안개에 신경을 쓰다 보니 잠시 소리에 무관심하고 있었는데 내 귀에 그 순간에 다시 들린 것이었습니다. 라디오 소리를 더 가까이 듣고 싶은 생각에 라디오를 가져다가 콤파스(나침판) 옆에 갖다 두고 정신없이 라디오 소리에만 귀를 기울이고 있었습니다.

안개에 신경을 쓰다 보니 잠시 판단이 흐려져 두어서는 안 될 콤-파스 옆에 라디오를 얹어 놓고 기상예보가 나오기를 기다리고 있었습니다. 라디오 때문에 콤파스 자차가 생겨 코스가 바뀌었는지도 모르고 라디오 소리에만 귀 기울이고 있었던 것입니다.

키를 잡는 갑판원도 콤파스 방위가 라디오 때문에 자차가 생긴 것도 모르고 나침판이 돌아가는 대로 콤파스 방위를 따라 선수를 맞추었으니 배가 어디로 갔겠습니까?

내가 아무 것도 모르고 있는 사이 배는 지금 혼자서 엉뚱한 방향으로 가고 있었고 배의 정한 코스만 생각하면서 앞만 보고 있었습니다. 예상대로라면 여서도를 통과할 시간이 지나가고 있었습니다.

"여서도를 통과할 시간입니다."

갑판원의 말입니다. 그런데 여서도가 보이지를 않았습니다. 반경 약 10m 거리의 시야를 두고 항해 중입니다. 해도의 코스를 여서도 섬에다가 바짝 재었기 때문에 물가 쪽 해안선이 보일 것이라는 판단에서였습니다. 모든 선원들한테 다시 비상을 걸었습니다. 무엇이 보여도 보여야 되는 것인데 아무것도 보이지 않으니 두려움과 불안이 나를 초조하게 만들었습니다.

"모두 자기 위치에서 앞을 주시하시오. 바로 적막강산이다."

앞 선수에서 물체를 확인하고 있는 갑판장한테 물어보아도 대답은 실망이었습니다.

"갑판장! 뭐 보이는 것이 없습니까?"

시간상 통과 시간이 되었는데 아직 보이지 않습니다. 신성 88호 운반선은 지금 시속 10마일의 속도로 목적지도 모르는 안개 속을 혼자서 거침없이 달려가고 있었습니다. 갑자기 마음이 불안하고 초조하고 무서움이 밀려왔고 안개만큼이나 두껍게 두려움이 엄습하여 오고 있었습니다. 무슨 물체와 곧 충돌하는 것 같은 숨 가쁜 분초가 지나가고 있었습니다.

'조금 있으면 여서도(島)가 확인이 되겠지?'

라디오 소리가 들리는 쪽으로 고개를 돌리는 순간이었습니다.

"으악!"

하고 나는 소스라치며 깜짝 놀라지 않을 수가 없었습니다. 나는 얼른 라디오를 콤파스 옆에서 들어내었습니다.

"세상에 이럴 수가!"

"아이쿠! 이제 이 일을 어이할꼬. 눈앞이 캄캄했습니다."

라디오를 급하게 들어내고 콤파스 방위를 확인하니 나침판이 한 바퀴 삥 돌아서 제자리에 와서 서는 것이 아니겠습니까? 나는 할 말을 잊고 있었습니다. 머리가 멍하고 정신이 없는 것을 겨우 안정을 취하여 정신을 차리고 나니 큰 몽둥이로 한 대 얻어맞는 기분이었습니다. 콤파스 자차가 얼마나 생겼는지 알 수가 없었습니다. 키를 잡은 갑판원이 벌벌 떨면서 키를 잡고 있었습니다.

"콤파스 확인도 안 하고 키를 어떻게 잡은 거야!"

순간적으로 화가 나서 호되게 나무랐지요. 화가 나고 나무란 것이 문제가 아니었습니다. 그러면 지금 여기가 어디쯤 되는 것이고 배는 지금 어디를 향해 달려가고 있는지 판단이 서지 않았습니다.

그 순간에 시간상으로 거리를 재어 보니 거문도는 지났을 시간이었습니다. 그러면 우도(성산포) 쪽으로 가고 있을까 아니면 태평양을 향해 달려가고 있는 것일까? 아니면 뒷걸음질을 하여 다시 지나온 길로 가고 있을까. 아니면 거문도 안 쪽 어디로 들어가고 있는 것일까. 다행히 아직까지 장애물은 나타나지 않고 있었습니다. 전 선원들이 근심 걱정으로 선장인 내 얼굴만 쳐다보고 있을 때 다시 불안이 찾아옵니다. 여기에서 선장의 판단이 중요했습니다. 나는 닻을 놓고 안개가 개일 때까지 기다리기로 마음을 정하였습니다.

"갑판장! 닻을 놓읍시다."

"준비 하시요."

"배를 정지시키고."

"앵 카 레-고"

어딘지도 모르고 닻을 묘박했습니다. 그리고 싸이-렌을 울리며 주위를 환기시키고 그리고 선체(船體) 내 외(內 外) 모든 등화를 다 밝혀 놓고 정박 등도 켜 놓았습니다. 그런 후에 전 선원들이 주위를 살펴며 안개가 개이기 만을 기다리고 있었습니다.

얼마를 기다렸을까? 얼마 지나지 않은 시간이지만 많은 시간이 지나가는 느낌이 들며 공포와 긴장됨은 말 할 수 없었습니다. 안개의 적막이 흐르고 있던 세상이 엷은 안개로 변하면서 배 갑판 위에 슬며시 햇살이 들어오고 있었습니다. 차츰 세상이 밝아지며 무섭게 끼어 있던 안개가 소멸되기 시작합니다. 그 때 갑판원 한 사람이 소리를 쳤습니다.

"저기 산이 보인다!"

하고 큰 소리로 외쳤습니다. 모두가 놀라서 소리 나는 쪽으로 고개를 돌리고 산을 확인하고 있었습니다. 안개는 서서히 산 밑으로 내려깔리면서 소멸되어가고 산은 점차로 위로 올라가는 것처럼 개이기 시작 했습니다. 안개가 한 번 개이기 시작하니 서슴없이 빠른 속도로 개이고 있었습니다.

엷은 안개 속으로 해안선이 보입니다. 먼발치 앞에 양식장들이 보이면서 해안선의 정체가 나타나고 있었습니다. 그 곳은 섬이었으며 섬 동네 집들이 보였고 작은 배를 타고 양식장에서 일하는 사람들도 보였습니다.

양식장과 배에 타고 있는 사람들을 보는 순간 나는 두 번 놀라고 있었습니다. 나의 몸에는 소름이 끼치면서 식은땀이 흐르고 있었습니다. 그 순간 나는 무언가 잠시 깊은 생각에 어떤 감동을 받고 있었습니다. 내가 그 곳에서 닻을 묘박하지 안 했더라면 이 배가 어디를 둘어가서 어떤 일이 벌어졌을까.

양식장을 밀고 들어가서 완전히 못쓰게 만들었을 것이고 아니면 약 1.5마일 정도밖에 안 된 거리에 있는 섬 어디에 부딪치고 말았을 것입니다. 얼마나 무섭고 떨리는지 한동안 생각 없이 서서 상황을 판단해 보았습니다. 그리고 양식장을 밀고 들어가서 작업 중인 배를 들이받아 인사 사고라도 났으면 정말로 어떻게 되었겠습니까.

나와 전 선원들과 선체는 일촉즉발의 운명 앞에서 살아 난 것입니다. 이러한 무모한 항해로 인해 죽음 앞에서 살아난 것은 어떤 무엇이 도왔다고 보지 않겠습니까? 나는 신의 도움이라 믿었습니다. 안개 속의 항해는 처음부터가 불가능한 것이었습니다. 항해를 하지 않았어야 옳은 대답이었습니다.

그러나 어쩔 수 없는 이 무모한 항해를 하여 속수무책으로 당할 뻔했던 이 어처구니없고 황당한 대형사고의 위험 앞에서 여호와 하나님께서 기적의 은혜로 라디오를 발견할 수 있는 구원의 은총을 베풀어 선원들의 생명과 회사 재산을 함께 지켜주신 것이었습니다. 정말 감사했습니다.

"할렐루야 아-멘"

한참 시간이 지난 다음에야 이 큰 위험에서 무사히 살아났음을 마음으로 하나님께 감사하며 안도의 한숨을 길게 쉬고는 선원들의 모습들을 돌아보았습니다. 나는 급히 위치를 확인해야 했고 그리고 빨리 부산으로 항해를 해야 했습니다.

"갑판장 앵-카를 올립시다."

선원들은 자기 위치로 가서 닻을 올렸습니다. 다들 죽음에서 살아온 전쟁터의 군인처럼 급박한 위험에서 살아났으니 얼마나 마음의 평안을 찾았겠습니까? 모두가 얼굴에 화색이 돌고 환희의 기쁨이 넘쳐보였습니다. 앵-카를 배에 올리고 나는 양식장과 작은 배가 있는 안쪽으로 조금 들어가서 그 곳에 있는 사람들한테 위치를 물어보았습니다.

"아저씨!…… 여기 위치가 어디쯤 됩니까?"

"여기 위치는 초도입니다. 초도"

초도는 완도 바깥에 있는 초도 군도와 손죽열도에서 제일 큰 섬으로 거문도에서 북쪽으로 약 6-7마일 정도 거리에 있는 섬이었습니다. 선장인 내가 라디오를 잘못 둔 실수로 큰일 날 뻔한 사건이었습니다.

만약에 코스가 5도만 더 좌, 우현으로 돌아갔다면 10노트의 속도로 달려가던 배는 완도와 청산도의 어느 곳에 좌초가 됐든지 아니면 여서도 복판에 또는 거문도 어느 위치의 해안선에 충돌하여 배는 산산조각으로 파손은 물론 전 선원들이 살아있을 거라는 보장은 없었습니다.

콤파스(나침판)의 엄청난 자차가 발생했어도 용케 청산도와 여서도의 사이를 빠져서 여기 초도 앞까지 아무런 장애물 하나 없이 무사히 들어왔다는 것은 신(神)의 도움이 아니고서는 있을 수 없는 사건이라고 생각합니다.

또한 여서도와 부딪치는 것을 피하기 위해 라디오를 올려놓을 수 있도록 나를 주장했다는 것을 확신하며 믿습니다. 아무튼 우리 주님의 도움과 인도하심이라고 두렵고도 떨리는 믿음으로 확신하고 있습니다.

"그러면 거문도는 어느 쪽에 있습니까?"

"저기 남쪽으로…… 저기 보이네요."

남쪽 방향으로 쳐다보니 아직 안개가 해안선에 남아 있었습니다. 그리고 산봉우리만 보이는데 거문도가 틀림없었습니다.

실수를 통해서도 인도하여 구원하신 하나님의 기적의 역사라고 하면 맞는 대답일까요? 분명히 일은 내가 실수(失手)해서 일어난 무서운 사고였는데 결과는 기적(奇蹟)이었습니다. 어떤 위험한 장애물도 만나지 않고 이 곳 초도 앞까지 와서 또 이곳 양식장 앞에서 닻을 놓을 수 있도록 나를 주장하셨고 인도하였다는 것은 더더욱 생각하고 또 생각해도 감사하고 감사할 일이었습니다.

선원들 모두는 천지신명이 도왔고 조상님이 도왔을 것이라고 모두 한 마디씩 하지만 나는 깊은 마음으로 감사했고 하나님께 기도했습니다. 하나님 은혜 감사합니다. 감사합니다. 하나님께 감사하면서 부산으로 코스를 잡았습니다.

회사와 본선에서는 누구도 모릅니다. 선장인 내가 예수님을 믿지 않았더라면 무슨 일이 일어났을지 아무도 알지 못하는 신(성령)의 도움이라고 밖에는 여기에 쓸 말이 없습니다.

안개가 개인 후의 날씨는 너무나 맑고 청명했습니다. 청명한 날씨 속의 바다는 파도 없이 잔잔하였고 멀리 동쪽 편으로 소리도(疏履島)의 하얀 등대가 안개를 걷어내고 슬며시 그 모습을 드러내고 있었습니다.

하나님의 역사가 안개 속에서 전 선원들과 신성 88호를 구원해 주셨다는 것을 깨닫고 기쁜 마음으로 항해를 하여 해질 무렵이 되어서야 부산 공동 어시장에 도착하였습니다. 회사에서 선박 과장이 미리 나와서 기다리고 있었습니다.

나는 하역 준비를 끝내고 선박 과장과 레이더 문제를 상의했습니다. 의논 결과 안개 철이라 선박 과장도 쾌히 승낙하여서 새 것으로 구입하기로 하였습니다. 당장에 금성 제품인 레이더를 올려 실었습니다. 새것이라 레이더는 아주 밝고 선명하게 잘 나왔습니다.

최고 120마일 최저 2.5마일의 거리로 물표를 확인할 수 있었습니다. 아무리 좋은 레이더가 있어도 물표 확인과 선박의 움직임과 진로를 파악하지 못하면 눈뜨고 실수하는 경우가 생깁니다. 안개 속에서 혼이 난 나는 레이더를 교체하였으니 정말 기분이 좋았습니다. 이제 항해하는 것은 크게 어려움이 없었습니다.

잔잔한 바다에 낭만의 즐거움은 마도로스들이 아니면 느껴보지 못하는 아름다움이 있지만 기상 돌변으로 거센 풍랑이 넘실거리며 후려칠 때에는 사선에서 어머니를 부르며 배를 붙잡고 하얗게 굽이 치는 파도와 하늘을 쳐다보며 다시는 배 타지 않을 것이라고 수십 번 명세하였던 다짐들이 모두가 메아리로 되돌아가고 배 승선을 천 직으로 생각하면서 밀려오는 풍랑에 도전하고 인내하는 삶이 마도 로스들의 생활이었습니다.

고기를 선적 할 때마다 선도는 말썽을 부렸지만 그래도 계속 승 선을 유지하며 선장으로 고용되고 있었습니다. 1985년에도 운반선 승선생활은 생사를 넘나드는 갈림길에서도 언제나 당하는 일이라 큰 어려움은 없었습니다.

그러나 세월이 갈수록 하나님을 잊어가는 이 교만한 자를 더 이 상 버려두지 않으시고 하선하여 교회에 출석 할 수 있도록 계획을 세우시고 계셨음을 선원생활의 모든 일들을 종합해 볼 때 알 수 있 었습니다.

20. 하나님의 역사는 하선(下船)으로!

한 척의 선박과 선원을 책임지고 운항해야 하는 선장으로서 감당해야 하는 임무의 한계가 온 것 같았습니다. 나는 고기를 실을 때나 항해를 할 때 일어나는 모든 일들을 현실에서 찾고 해결하는데 안주하고 있었습니다.

그동안 어려운 고심의 시련도 있었고 배를 삼킬 듯이 밀려왔던 그 무서웠던 파도 속을 항해할 때는 정말로 온 몸을 조타실 창문에 기대어 잡고 안간힘을 쓸 때는 하늘이 무너지는 현실을 당하는 지난날들도 있었습니다. 그러나 또한 잔잔한 물결 위에서 멋진 낭만의 파노라마가 펼쳐지는 마도로스가 아니면 맛보지 못하는 아름다운 로맨스의 향기를 즐기며 출렁이는 바다 위를 항해하며 바다의 사나이로 고운 꿈을 꾸며 세월을 보낸 선상생활이었습니다.

선망 운반선 승선 8년에서 그 중 3년을 선장의 직무를 다하며 내 인생을 파도 위에 싣고 연근해 해상을 조바심으로 가슴 태우며 항해했던 선장의 고뇌도 있었습니다. 그러다 보니 하나님을 잊어버리고 신앙생활은 엉망이었던 것이 사실이었습니다.

그래도 하나님은 이 교만한 자를 외면하시지 않으셨음을 믿습니다. 이 부족한 것을 간섭하시고 주장하셨다는 것을 확신하며 말할 수 있습니다.

이 해도 거의 중반을 지나가고 있던 늦은 여름을 보내면서 나에게는 있어서는 안 될 악재(惡材)가 일어나고 하선(下船)의 시발(始發)이 시작되고 있었던 것입니다. 잔잔하던 해상은 풍랑이 일어나기 시작하여 거칠어지기 시작한 새벽 2시경이었습니다.

본선이 투망하여 양망에 이르러 아바(그물)를 차러 들어가서 아바를 차는 순간에 황당한 사건이 벌어졌던 것입니다. 본선을 끌어내는 등선의 고기 줄을 후진하여 정지시키는 운반선 프로펠러에 감아버린 것입니다. 이 줄은 감아서는 되지 않는 줄이고 있을 수 없는 사고인 것입니다. 선장으로서의 체면이 완전히 묵사발이 되는 순간의 사고였습니다.

이런 사고를 만들 아무런 이유가 없었으며 그리고 나의 실력과 경험의 잘못은 여기서 단 1%로라도 찾아낼 것이 없었습니다. 그런데 왜 이런 일이 일어났을까? 마음속으로 나는 많은 것을 생각하고 생각해 보았습니다.

하나님의 은혜는 나로 인해 선장으로의 소망을 이루어 주시고 선원생활로 나태해 가는 믿음생활을 안타깝게 여기시어 온전한 믿음의 소유자가 되기를 바라셨기에 이런 방법의 시험으로 배를 하선하도록 인도하셨다는 것이라 믿었습니다.

내가 선장의 직무를 수행하는데 있어서 이해하기 힘든 어려운 일들이 자꾸만 일어나고 있었습니다. 선장의 임무가 막중했던 것은 선적한 고기의 신선도였는데 자주 신선도가 말썽을 부려서 회사에 늘 미안한 마음뿐이었습니다. 그러다보니 선장으로서의 권위와 자신을 차츰 잃어가고 있었습니다.

아무리 생각을 해도 나에게 일어나고 있는 일들은 보통 일이 아니었고 무슨 징조가 있는 것 같았습니다. 이유야 어찌되었건 전 선단 선장들의 구설수를 생각하면 쥐구멍이라도 있으면 들어가고 싶을 뿐이고 할 말이 없었습니다.

그래도 다행히 고기는 실을 수 있었기에 하역을 마친 신성 88호는 등선에 예인되어 한림 항으로 끌려가서 해녀 두 사람을 이용하여 감긴 줄을 풀고 정상 운항을 할 수 있었습니다. 이 사고는 여기에 글을 쓰고 있는 이 시간에도 자존심이 상하는 무모한 사고였습니다. 또 문제가 발생한 것은 이 사고가 있었던 2개월 후 어로장과 나는 크게 한 번 다투게 됩니다.

한 치 앞을 보지 못하는 것이 사람의 일이라 내가 운반선에서 하선의 어두운 그림자가 이렇게 빨리 찾아 올 것이라는 것은 생각해 보지 않았습니다.

88호는 고기 집어를 할 수 있도록 시설을 갖추고 있었습니다. 본선에서 어탐한 고기를 넘겨받아 집어 등과 수중 등을 밝히고 집어(集魚)를 하다가 투망할 시간이 되면 다시 본선이 와서 고기를 받아가고 하는 것이었습니다.

그러나 가끔씩 우리 운반선에 집어된 고기를 본선은 확인만 한 후 불을 소등(燒燈)하라는 연락만 하고 가는 일이 자주 있었습니다. 그러면 밤새도록 기름만 소비하고 고생만 하다가 집어(集魚)등을 소등해야 하는 일이 빈번하니 운반선 선장을 실망시키는 것이 본선이었습니다.

그 날은 제주도 한림 항 앞 해상에는 바람 한 점 없이 잔잔한 바다였습니다. 아침에 동쪽 수평선에서 떠오르는 태양은 눈부셨고 해 아래로 비취는 수면에는 은빛 찬란한 빛이 물 위에 부딪치면서 눈부시게 반짝이고 있었습니다. 그런 잔잔하고 조용한 아침시간에 어로장과 뜻하지 않는 신경전이 일어 날 줄은 꿈에도 생각 못한 것이었습니다.

이 날도 예나 다름없이 본선의 지시 따라 집어 등과 수중(水中)등(燈)을 모두 밝혀놓고 밤새 집어를 하였지만 아무런 소득도 없이 새벽녘에 본선은 전과 다름없이 불을 끄라는 지시만 내리고 돌아갔습니다. 그 후로는 본선에서 아무런 지시가 없었기 때문에 우리는 그 자리에 그대로 닻을 놓고 본선에서 사항지시(事項指示)만 오기를 기다리고 있었습니다.

선망 선단에는 매일 아침 8시에는 집행시간이라는 중요한 시간이 있습니다. 이 시간에는 모든 선단들이 같은 주파수를 열어놓고 청취하고 있는 시간입니다.

집행시간(執行時間)이라는 것은 선망 선단들은 모두가 이 시간에 같은 무선 주파수로 청취하며 자기의 위치와 지난밤의 어획량을 무선으로 방송하고 있는 시간을 말합니다. 집행시간은 하루에 두 번으로 아침과 저녁으로 나누어서 합니다.

우리 본선도 이 시간을 청취하고 지난밤의 동정을 방송하고 있었습니다. 그런데 집행을 마친 어로장은 터무니없는 거짓말로 우리 88호 때문에 고기를 잡지 못했다고 떠넘기고 있는 것이었습니다. 88호가 집어를 잘못해서 고기를 잡지 못했다고 적반하장(賊反荷杖)으로 말하는 것이었습니다.

이 시간에는 회사에서도 청취를 하고 있습니다. 본선에서 지시하는 대로 최선을 다했을 뿐인데 말입니다. 고기 못 잡은 수난을 운반선 선장인 나에게 뒤집어씌우고 있는 것입니다. 아닌 밤중에 홍두깨 같은 소리 아닙니까?

선망 선단에서 주름잡는 최고의 자리에 있는 어로장들 반열에 속한다고해서 운반선 선장쯤이야 아무렇게나 취급하고 말을 함부로 해도 본선 어부들처럼 또 다른 선장들처럼 고분고분 할 줄로 착각했는지는 모르겠지만 이 어로장이 선장인 나를 우습게 생각하고 큰 실수를 한 것이었습니다.

기관장도 옆에 있다가 화를 내고 있었습니다. 나는 상한 마음을 참지를 못하고 무전기를 통해서 어로장 당신 내가 갈 때 까지 기다리고 있으시오,

철부지 같은 어로장에게 무전을 통해 큰소리를 치고는 닻을 올리고 본선이 있는 제주 성내 앞 아침햇살이 온화하게 비취는 잔잔한 바다 위를 우리 88호는 달려가고 있었습니다. 수평선 위에 솟아오르는 태양은 아무런 일 없었다는 듯이 떠오르고 있었습니다. 평일날 같았으면 정말 기분 좋은 아침 항해였지만 그러나 지금은 그것이 아니었습니다. 속이 부글부글 끓어오르는 것을 간신히 참으면서 본선을 찾아 가고 있었습니다.

한 시간 쯤을 항해하여 본선을 찾아 운반선과 본선을 밧줄로 묶어놓고 어창 위로 나갔습니다. 나는 이 순간부터는 내가 하선하는 것도 겁나지 않았습니다. 회사에서 하선을 하라면 하선을 할 것이고 하선에 대한 어떤 두려움도 없었습니다.

왜 그랬을까 참 이상도 했습니다. 조타실로 뛰어가서 어로장에게 사정없이 화풀이를 하고 나니 속이 좀 시원했습니다. 이렇게 한바탕하고 나는 아무런 아쉬움도 미련도 없이 하선하는 쪽으로 마음을 굳혔습니다.

88호 운반선이 집어를 잘못해서 고기를 잡지 못했는데 우리가 집어를 하지 않았을 때는 고기를 잡아야 할 것이 아닌가.

이 사건이 생긴 후 며칠을 제주도 해상에서 어탐을 하여도 어로장 그 어른은 단 한 번도 그물을 물속에 넣어보지를 못하고 월명시를 맞아 부산으로 들어왔고 신성 88호 운반선도 고기를 싣지 못하고 빈 배를 운항하여 다른 선단들과 함께 마지막 항해가 될 것이라고 생각한 나는 심란한 마음으로 부산으로 들어왔습니다.

부산 영도 굴강에 배를 정박하고 하선을 각오한 나는 하선 준비를 하고 있을 때 회사로부터 들어오라는 연락을 받았습니다.

'음, 올 것이 왔구나.'

하선할 것이라고 마음먹은 것이라 아무런 거리낌 없이 담담한 심정으로 회사로 들어갔습니다. 사장님은 어두운 표정으로 나를 맞았습니다. 나는 그동안 일어난 모든 사실을 숨김없이 이야기하고 사장님의 처분만 기다리고 있었습니다. 당연히 회사에서는 하선을 하라는 것이었습니다.

참지 못할 마음에 상처를 입었지만 나는 더 이상 회사에 승선을 위해 사정하지 않았고 또한 내 자신에 대한 책임을 회피하지 않았습니다. 이미 마음에 각오를 하고 있었기 때문에 미련도 없었고 후회도 없었습니다. 다른 때 같았으면 내가 이 아까운 선장 직을 내어놓고 이렇게 쉽게 하선을 하는 것은 감히 짐작도 하지 못할 일이었습니다.

그러나 이번에는 한 번도 불안하고 초초한 생각이 들지 않았으며 대책 없는 실직의 불안도 없었습니다. 마음이 그렇게 평안할 줄은 나도 몰랐었습니다.

그 동안 인간사 산다는 것이 남들처럼 벌어서 저축한 돈은 한 푼도 없었습니다. 세월 속에 생활의 여유도 없었는데도 어쩐 일인지 시련의 아쉬움도 어려운 삶의 걱정도 두려움도 없었습니다.

　내가 예수 믿는다는 것을 회사에서 다 알고 있었으며 내가 하선을 할 수 있었던 것이 어로장의 말도 안 되는 일을 나에게 저지른 그런 행위도 그 동안 내 앞에 일어나서는 안 될 어려운 일들과 선적한 고기의 신선도 등 이 모두가 예수를 믿는 나의 잘못한 신앙에서 발생된 것이라고 그 비밀의 포장이 나의 뇌리에서 한 꺼풀씩 슬슬 벗겨지고 있었습니다. 이것은 분명히 신앙생활 잘하라는 하나님의 뜻이라는 것을 알았습니다.

　아무런 걱정 없이 평안한 마음으로 부산해운 항만청을 달려갔습니다. 선원 과에서 선원수첩에 고용계약 해지신고를 하고 10여년의 해상생활에서 8년의 선원생활을 끝내는 허전한 순간이었습니다. 그러나 높은 파고와 칠흑 같은 어둔 밤의 비바람으로부터 생명의 자유를 찾은 행복의 시간이기도 하였습니다.

　거룩하신 하나님의 역사하시는 모든 일들을 이 미련한 것이 어찌 알 수가 있었겠습니까?

　배를 승선 할 때부터 나의 목표는 선장이나 기관장이었습니다. 보통 사람들은 평생을 배를 승선해도 선장은 꿈도 꾸지 못하는 것이었지만 나는 하나님의 은혜로 인하여 그 꿈을 이루고 선원생활을 마친 것이었습니다.

　고용해지 신고를 하고 해운 항만청 정문을 나오면서 멀리 오륙도를 바라보았습니다. 외항선 두 척이 입항 순서를 기다리고 있었습니다. 잠시 눈시울이 적셔지는 것을 느끼면서 항만청에서 나와 회사로 들어가서 사장님과 서로 멋쩍은 듯이 손을 잡고 인사를 하고서 헤어졌습니다.

"선장 잘 가십시오."

"예! 안녕히 계십시오."

선망 수산업 신성수산 소속 신성 88호 선장을 마지막으로 1975년 12월에 운반선 조기수로 승선하여 1977년 3월 달에 갑판원으로 직책을 바꾸어 1985년 10월로 선망 수산업 신성수산 운반선 88호 선장으로 하선의 해지 관인을 선원수첩에 찍었습니다. 회사의 현관문을 나서 여객선 터미널로 발길을 옮기면서 아직까지 믿음이 연약했던 나는 내 인생의 뒤안길에서 온갖 명상에 사로 잡혀 있었습니다.

집으로 내려와서 다시는 배를 타지 않을 것이라고 수첩과 면허장, 무선통신수첩 모두를 불에 태워버릴까 생각도 했지만 사람은 혹시나 '그 우물을 먹지 않는다고 침 뱉고 돌아서서 다시 그 우물을 마신다' 속담처럼 나는 아무 곳에도 쓸모없는 수첩과 면허증과 통신수첩을 버리지 않고 지금까지 골동품으로 보관하고 있습니다.

그동안 선원생활을 할 때에 주님께서 베풀어 주셨던 역사의 은혜를 깨닫지 못하고 순간순간 고난과 고통을 당하면서도 배를 하선하기까지 허망한 꿈속을 헤매면서 살아온 지난날이었습니다.

허약한 영혼이 우상의 늪에서 헤어나지 못할 때 주님의 크신 은혜로 성령 안에서 새로운 삶의 평강을 주셨습니다.

매서운 찬바람이 불어왔던 추운 겨울에 포근히 옷깃을 녹이는 나의 인생여정에 봄은 오는가.…… 이제는 자기 백성을 삼고 새로운 신앙생활의 나래를 펼 수 있도록 인도하신 하나님께 감사하며 영광을 돌렸습니다. 나의 앞길에 주께서 아름다운 시온의 대로를 열어 주심을 믿으며 감사하면서 살아갈 것이라고 다짐했습니다.

10여 년간의 선원생활의 하선 보따리를 측은한 마음으로 오라는 데는 없어도 갈 곳 많은 고달픈 육신의 삶을 어깨에 짊어지고 새마을호 여객선을 타고 부산 남항을 빠져나오면서 지나치는 부산 공동어시장에 하역(荷役)을 하기 위해 접안을 하고 있는 선망 운반선들을 바라보았습니다. 운반선 선장으로서의 어제의 일이 나의 가슴에서 소용돌이치고 있었습니다. 꿈속에서 보는 것 같은 공동어시장을 뒤로하고 하얀 프로펠라의 물살을 뒤로 보내며 거제를 향해 달려가는 여객선 갑판 위에 앉아 멀리 수평선을 바라보며 잠시 시름에 잠겼습니다.

'대형선망 운반선이여 안-녕.......' 하면서

아무것도 염려하지 말고 오직 모든 일에 기도와 간구로 너희 구할 것을 감사함으로 하나님께 아뢰라. 그리하면 모든 지각에 뛰어난 하나님의 평강이 그리스도 예수 안에서 너희 마음과 생각을 지키시리라(빌 4:6).

21. 내 영혼이 평강을 얻고

너희 염려를 다 주께 맡겨 버려라. 이는 저가 너희를 권고하심이니라(벧전 5:7).

그런즉 누구든지 그리스도 안에 있으면 새로운 피조물이라. 이전 것은 지나갔으니 보라 새것이 되었도다(고후 5:17).

선망 수산업 운반선 선원으로부터 선장에 이르기까지 10여 년의 마도로스생활은 넓은 바다 위에 펼쳐지는 대자연속의 파노라마로 낭만의 아름다움이 나를 유혹하였고 거칠고 험악한 비바람이 몰아 치고 높은 파도를 넘나들 땐 죽음의 사선을 넘기면서 자기와의 싸 움으로 한 장면 한 장면이 드라마처럼 연출되었던 위험하고 숨 막 혔던 지난날들의 삶이었습니다. 그래도 인내(忍耐)하면서 밀려오 는 고독의 시간을 보내야 하고 절박한 한계에서도 비껴갈 수 없이 자기만이 감당해야만 했던 선원생활은 내 앞에 신의 가호가 있었기에 가능했으리라 믿습니다.

돌이켜 보건데 지난 10여 년의 선망 운반선의 생활은 내가 어려운 고난과 고통의 삶의 길에 있을 때 나의 삶의 목표를 정하여 준 유일한 직업이었으며 절대 절명의 내 인생고난의 길에서 하나님께서 나에게 베푸신 은혜의 삶이었다고 확신합니다.

붉게 타는 태양이 우렁차게 수평선을 뚫고 오를 때 만선(滿船)의 운반선은 여명을 뒤로하고 북동쪽을 향해서 남해의 검푸른 바다를 가로질러 부산항 목적지를 향하여 달려간 나침판의 가르침도 헤아릴 수없이 많았던 항해(航海)였습니다.

선원생활로 인한 나의 허약한 영혼은 육신의 무거운 짐을 지고 우리 주님의 은혜의 인도로 선망 운반선 승선의 추억을 남기고 미래의 꿈을 안고 집으로 돌아오고 있었습니다.

아픈 몸이지만 백수로 있는 생활이 너무 답답하여 무엇이든지 일을 해야 한다고 생각은 했지만 막상 집으로 내려와서 보니 내가 할 일은 아무 것도 없었습니다. 그러나 파도가 칠 때에는 밥그릇이 밀려 밥이 쏟아지는 웃지 못 할 환경에서 어렵게 밥을 먹던 선원생활을 생각하면 가족끼리 한 밥상에 둘러앉아 밥을 먹는 것도 베푸신 은혜였다고 생각합니다.

다른 사람들은 두 다리로 생활을 해도 사는 것이 힘들다고 하는데 불편한 다리를 가지고 험난한 세상을 살아가야 하는 애처로운 나의 삶의 기로였습니다. 가슴이 터져 나올 것 같은 상한 자존심이었지만 인내(忍耐)만이 필요할 뿐 어찌할 수가 없는 일이었습니다.

망망대해에 바람 따라 물결 따라 두둥실 떠가는 일엽편주처럼 나의 앞길도 목적 없이 우리 주님의 인도 따라 기도하면서 때를 기다리는 것 밖에는 없었습니다. 그러는 중에 하나님은 나의 앞에 한 가닥 연약한 길을 열어 주셨습니다. 나는 운전면허증을 소지하고 있던 중이라 운전을 하는 데는 어려움이 없었기 때문에 장애자 협회에서 운영하는 곰두리 랜트카 회사 기사로 일하기로 하였습니다.

그 때는 차량이 많이 보급이 되지 않았을 때이므로 차량을 랜트해가는 사람들이 많이 있었습니다. 그 곳에서 많은 기대를 걸고 일을 했습니다.

하나님으로부터 '삶의 평강' 을 얻은 나는 성경에 '그 나라와 그의를 먼저 구하라'는 주님의 말씀을 마음으로 새기고 항상 묵상하면서 이제는 우리 주님이 먼저라는 것을 잊지 않고 신앙의 길을 걸어가기로 했습니다.

육신의 가난한 삶 속에서도 주일이 기다려지는 즐거운 신앙생활을 통해서 성령께서는 구원의 확신을 가지게 했습니다. 구원의 확신을 가지고 영적생활이 시작되던 1985년 12월 22일 성찬예식에 임하면서 김종문 목사님으로부터 세례를 받았습니다. 그러므로 나는 세례를 통해서 회개하며 죄 씻음을 받고 예수 그리스도 안에서 내 인생 나그네 길이 천국을 향하여 달려가는 믿음의 천국 열차에 내 영혼을 확실히 실었습니다.

이제 부터는 나의 남은 세월은 우리 주님이 가신 길을 쫓아 십자가 푯대를 향하여 충성의 길 봉사하며 헌신의 도구로 쓰임 받는 섬김의 자세로 살아갈 것이라고 다짐했습니다. 지나간 잃어버린 내 젊은 청춘시절을 누가 보상 하리까. 하지만 값지고 아름다운 삶의 복이 황혼(黃昏)의 만세(晚歲)에 은혜의 풍성함으로 임할 줄 믿었습니다.

이 후부터 열심히 나에게 주어진 모든 책임과 내 자신과 가족을 위해 유비무환의 자세로 뒤도 돌아보지 않고 앞만 보고 살아가기로 마음에 새겼습니다. 그리고 나는 우도 좌도 돌아보지 않고 앞만 보고 이렇게 살아왔습니다.

내가 어찌 나의 연수를 하나님 앞에 내어놓고 자랑을 하겠습니까? 세월의 무상함은 나의 이런 인생 나그네 길이 중천에 떠 있는 석양을 향해 바라보는 내 연수가 예순이 넘었습니다.

나는 남들 앞에 내어놓을 것도, 자랑할 것도 없으며 남들처럼 많이 배우지도 못하였지만 연약한 나에게 베풀어 주시는 성령의 은사로 인해 능력과 지혜로 인도하시는 성령이 함께 하심을 믿습니다.

많이 배운 사람보다도 부를 축척한 사람들보다도 나는 하나님이 주시는 평강의 길 평안의 길을 가고 있으니 너무도 감사합니다. 많이 배웠다고 교만하고 오만하여 더러운 소욕의 찌꺼기들이 그 속에 가득 차서 영육이 병들어가는 줄도 모르고 날뛰는 불쌍한 영혼들보다야 많이 배우지 못하여도 하나님과의 은혜의 통로가 막히지 않고 은혜의 강물이 흐르는 삶이 얼마나 축복된 삶이겠습니까.

내 머리 속에는 세상을 향한 자신감이 들어있어도 이 야박한 세상을 살아온다는 것은 감당하기 어려운 사연들이 많았습니다. 육신의 장애로 불편한 것은 참고 견디지만 내 기분대로 나가지도 못하고 활동의 장애를 받고 있을 때 마음 상하는 일은 정말 참기 어려운 일이었습니다. 그래도 여기에 굴하지 않고 나의 의지를 절대로 굽히지 않았습니다.

죄악이 관영한 세상에서 넓은 길만 헤매다가 죽는 것보다 지체가 장애이지만 믿음의 좁은 길 신앙으로 살아 천국으로 들어가는 삶이 얼마나 복된 삶입니까?

하나님은 나에게 장애를 주어서까지 자기 백성을 만들었고 그래서 나의 지체장애는 하나님께서 나에게 베푸신 믿음의 증표이고 역사의 증거인 것을 나는 분명히 여기에서 다시 한 번 더 말하고 있습니다.

그러므로 나는 주어진 사명대로 싫건 좋건 주의 푯대만을 바라보면서 세상에서 승리하며 살기로 했습니다. 주님께서 주시는 지혜의 은사로 인하여 더욱 지혜의 영이 나를 인도하여 세상을 이기는 힘을 주셨고 나의 약할 때 강함 주신 성령 하나님께서 함께 하셨음을 모든 이에게 전하고 싶습니다.

좁은 길을 걸어가는 자유인이 된 나는 어려운 일이 부닥칠 때에는 십자가를 바라보았고 그럴 때마다 나의 심령은 평안의 안식으로 돌아갔습니다.

신앙생활을 시작한 이 후로 허망한 꿈과 욕심을 버리고 모든 일을 순리대로 분수에 맞게 살기 위해 노력하였으며 때로는 소욕이 내 영혼을 괴롭힐 때는 내 밑을 바라보고 삶의 위안을 삼았으며 세상이 나를 괴롭힐 때는 이해와 기도로 살았습니다.

주안에서 언제나 믿음의 소유자로서 수평적 사랑을 나누기를 원하고 하나님께 충성과 봉사와 헌신의 도구로 삼아주실 것을 기도하였으며 내게 주어진 능력대로 행하면서 말씀으로 찬양으로 주께 마음과 힘을 다해 전도자로 살기를 원했습니다.

또 받은 은사로는 내가 받은 은혜를 서로 나누며 살기를 원하는 간절한 마음으로 자랑하고 내어놓을 것은 못 되지만 목사님들의 설교를 모아서 책을 만들어 성도들에게 한 권씩 드린 이 "모 합" 책은 말씀의 은혜를 함께 나누기를 원하면서 성령의 인도 따라 만들었습니다. 절대로 자랑하기 위함도, 저를 나타내기 위함도 아니었습니다. 진실로 모든 성도들이 설교 말씀을 통해 함께 은혜를 나누기 원하면서 나의 사비를 들여 만든 것임을 분명히 말씀드립니다.

그러나 은혜를 서로 나누고자 책을 만들어 성도님들에게 드렸으나 몇 분의 성도님들은 감사의 격려를 했으나 대부분의 성도님들은 좋은 반응이 아니라서 내심 실망의 한계를 맛보았습니다. 그래도 나는 포기하지 않고 글을 쓰고 책을 만들어 이제는 결실을 맺었습니다. 우상의 늪에서 구원받은 택한 백성으로 늦게 교회에 등록했지만 믿음으로 사는 나의 삶은 모든 것이 은혜요 평안이었습니다.

성령이 충만한 삶을 살아가는 중에 찬송 338장은 내 영혼에 감동을 준 찬송이었습니다. 이 찬송은 나에게 은혜의 찬송이요 눈물의 찬송입니다. 나는 지난 절대 절명의 고난의 때를 생각하고 믿음이 연약할 때 이 찬송을 부르면서 눈시울을 적십니다. '주 나를 박대하시면 나 어디 가리까.' 찬송가 338장을 적어봅니다.

천부여 의지 없어서 손들고 옵니다.
주 나를 박대하시면 나 어디 가리까.

전부터 계신 주께서 영 죽을 영혼을
보혈로 구해 주시니 그 사랑 한없네.

나 예수 의지하므로 큰 권능 받아서
주 앞에 구한 모든 것 늘 얻겠습니다.
(후렴)
내 죄를 씻기 위하여 피 흘려주시니
곧 회개하는 마음으로 주 앞에 옵니다.

이 찬송 시는 나의 믿음의 전주곡이며 회개하는 마음으로 주님 앞에 나아가는 새로운 유토피아의 찬송인 것입니다,

화평의 가정 평안의 삶으로 나의 인생여정은 진정한 시온의 대로를 우리 주님께서 열어 주었습니다. 사람이 부를 위하여 욕심을 내면 그 끝이 보이지를 않습니다. 나는 적은 물질의 수입이었지만 절제하므로 낭비하지 않았고 많은 부를 쌓아가지는 못했지만 내 가정이 평안하였습니다. 그리고 남에게 꿔주지는 못해도 남에게 빌리러 가지는 않았으니 이것이 하나님이 주시는 복이 아니겠습니까?

우리 주님은 저에게 교만하지 않도록, 또한 하나님을 멀리하지 않도록, 죄악의 수렁으로 빠지지 않도록 나를 주장하시고 나의 삶을 통해서 영원히 역사하시고 계신다는 것을 체험의 증거를 통해 깨닫게 하셨음을 간증합니다.

하나님을 영접하고 주안에서 베푸시는 은혜는 참으로 놀라운 역사로 일어나고 있었습니다. 부모로부터 입증 받은 논 한 마지기를 (200평)모르고 있었는데 형님들로부터 정직한 양심으로 전해 받은 것은 정말로 베푸신 여호와 하나님의 은혜였습니다. 형님들께 고맙고 감사하게 생각했습니다. 또한 시세도 다른 땅의 시세보다 높은 시세로 그 자리에서 처분하여 나에게 조금 있던 대출금을 상환 할 수 있어서 얼마나 감사했는지 모릅니다.

뒤돌아 보건데 하나님의 은혜의 역사는 나를 통해서 이루어지고 있었으며 그리고 많은 유익을 주셨습니다.

1986년 2월 사이에 교회는 새 성전 건축을 하는데 건축헌금에 대한 작정헌금을 하자는 광고를 하기에 나는 어려운 형편이라 많은 헌금을 할 수가 없었습니다. 그래서 기십 만원을 1년 동안 작정 헌금으로 하겠다고 하니 당회에서는 흔쾌히 받아주었습니다.

이것이 곧 적게 심는 자는 적게 거두고 많이 심는 자는 많이 거둔다 하는 말이로다. 각각 그 마음에 정한대로 할 것이요 인색함으로나 억지로 하지말지니 하나님은 즐겨 내는 자를 사랑하시느니라(고후 9:6-7).

하나님은 말씀을 통해서 30배, 60배, 100배의 복을 주신다고 하셨습니다. 나는 어려운 생활에서도 주님만 의지하고 앞만 보고 살아왔습니다. 그러므로 때가 되니 하나님께서 주시는 내 집 마련의 꿈을 이루었습니다.

1992년 내가 살고 있는 집 옆에 할아버지와 할머니가 사시던 슬라브 집을 사서 이사를 하였는데 우리 부부가 얼마나 기뻐했는지 모릅니다. 하나님은 자꾸만 나에게 복주시기를 원했습니다.

이로부터 10년이 지난 2002년 4월에는 바다가 훤히 내려다보이는 전망 좋은 아파트를 구입하였습니다. 어느 날 갑자기 내 집이 두 채가 되는 복을 받은 것입니다. 지나간 눈물겨운 셋방살이, 집 없는 서러움을, 이사하는 부끄러움을 한꺼번에 해결하는 쾌거였습니다..

나와 함께 하시는 우리 하나님께 무한 감사하면서 살고 있습니다. 십일조 생활은 나의 삶에 중대한 변화를 주었습니다. 십일조 헌금 생활에 대해 그 당시에 시무하시던 김종문 목사님께서 말씀을 해주셨습니다. 어렵고 가난했던 나에게 김종문 목사님께서는 믿음의 권면을 하셨습니다.

"최 선생님 십일조 생활을 하십시오."

의심하지 말고 인색하지 말고 정확한 십일조 생활을 믿음으로 하라는 권면이 있었기에 감사헌금을 나름대로 하다가 지체하지 않고 목사님의 권면을 무조건 받아들여 하나님의 뜻에 순종하였습니다. 아-멘

그 후로는 무엇이든지 하는 일마다 회복이 되면서 물질의 복을 부어 주시는데 나도 이런 때가 있구나. 가슴이 부풀고 마음의 기쁨은 넘치고 있었습니다. 나는 순종하였으므로 주님으로부터 은혜의 복을 받았음을 감사하며 믿습니다. 아-멘

이 십일조 생활을 잘 하다가 두 번씩이나 사탄의 유혹에 걸려 아까운 생각이 들어 십일조를 도둑질하고 있다가 나만 알고 있는 물질의 피해를 보았습니다. 하나님 앞에 그 죄를 깨달아 회개하고 다시는 어리석은 짓을 하지 않았습니다.

적은 물질은 헌금하기가 쉬우나 많은 물질은 아까워서 헌금을 하기가 마음으로부터 인색해집니다. 이럴 때는 사탄이 나를 유혹하여 죄를 짓게 한다는 것을 알므로 정확한 십일조 생활은 은혜와 복을 받는다는 것을 나는 확신합니다.

부활의 예수님은 도마에게 믿음 없는 자가 되지 말고 믿는 자가 되라(요 20:27)

너는 나를 본고로 믿느냐 보지 못하고 믿는 자들은 복 되도다 하시니라(요 20:29)

믿음은 바라는 것들의 실상이요 보지 못한 것들의 증거니(히 11:1)

이 말씀은 나의 믿음을 더욱 굳건히 다질 수 있는 말씀 중의 확신에 찬 말씀이었습니다. 진리는 대나무같이 곧고 푸르며 바다와 같이 깊고 하늘과 같이 넓고 태양과 같이 밝은 빛이므로 길이요 진리요 생명이신 예수 그리스도의 말씀에 의지하여 주님께서 하라면 하는 것이고 하지 말라면 하지 않는 순종의 미덕이 나의 바른 신앙의 삶이라고 생각하였습니다.

그러나 항상 선한 말로 형제자매의 마음을 기쁘게 하고 겸손을 다하여 예수 그리스도의 향내를 나타내야 되지만 그렇지 못하는 성도로서 믿음으로 덕을 베풀지 못한다는 것을 생각했습니다.

그 동안 나는 삶에는 메마르고 안정되지 못한 생활에서 좋은 언행과 바른 행위로만 살아온 것만은 아니었음을 고백하며 이제는 주 안에서 아름다운 미덕을 베풀기를 원하며 나의 속에 잘못된 것이 있는 전부를 내어놓고 회개의 기도를 드립니다. 천국에 갈 때까지 모든 것 고쳐가면서 하나님 앞에 가는 것이 나의 소망입니다.

나의 사명은 복음을 전하고 영혼구원을 하는 것이 주님의 지상 명령인 것을 지켜 항상 게으르지 않고 부지런히 영혼 구원에 힘쓸 것이며 신앙의 길을 걸어갈 수 있는 내 자신이 되기를 기도 합니다. 모든 성도들이 영적 전쟁터에서 복음의 일꾼으로 교회를 섬기며 헌신할 때 교회 부흥의 초석을 이루어 갈 것이라 믿습니다.

교회의 부흥은 뜨거운 열정으로 사명을 다해야 하고 그래야 예산도 있는 것이고 선교도 있는 것이며 건축도 하는 것입니다. 그러므로 모든 성도들은 예수 그리스도의 군병들로서 진정으로 교회 부흥의 역사를 이루어 나아가야 한다고 생각합니다.

그래서 나는 이 사명을 지키면서 수직적 사랑을 받아 수평적 사랑을 나누고 전하며 불신 이웃들에게도 사랑을 전하는 것이 교회의 사명이고 덕을 쌓는 성도들의 영적 삶이라고 나는 생각합니다. 분별없이 던진 말이 형제의 마음을 상하게 하고 그 마음이 상하면 그 영혼도 상한다는 것을 늘 마음에 두고 살아 갈 것입니다.

무슨 일이든지 부정적인 생각보다도 긍정적으로 생각하는 문화를 더욱 발전시켜서 좋은 교회 하나님 영광이 넘치는 교회가 되기를 바라는 마음이었습니다. 잉태의 새로운 삶으로 베풀어 주신 은사 중에도 문학(文學)의 은사는 나에게 후회 없는 좋은 길을 열어 주었습니다.

내가 받은 은혜를 온 성도들과 함께 나누기를 좋아하여 여러 목사님들의 설교 말씀을 종합하여 '모 합'이라는 책을 만든 것도 은혜를 나누기 위함이었습니다. 또 '월간고신' 편집부로 시를 써서 보내어 2003년 6월호, 2005년 2월호에 선정되었으며, 2005년 11월호에는 '구원받은 은혜에 감사'라는 제목의 간증의 글을 써서 월간고신 열린마당에 발표되었던 것은 정말 감사한 일이었습니다. 이 월간고신 책은 우리 교단의 특별한 월간지입니다. 이 글들을 통해서 전국 교회에 우리 지세포교회를 알리는 좋은 기회도 만들었습니다.

2004년 10월에는 한국예술문화 거제시 지부에서의 시낭송 대회 때에는 자작시를 낭송하여 특별상을 받기도하여 우리 지세포교회를 거제 중앙신문을 통해 복음의 전도자로 봄날의 싹을 틔웠습니다. 나의 이런 전도의 사명감을 사람들은 몰라도 하나님은 아실 것이라고 확신하며 믿습니다.

이 영광의 길을 가기를 원하면서 주님께 간구했고 하나님께서 베푸시는 은혜에 늘 감사하면서 살아왔습니다.

그러나 작은 일에 충성하라는 주님의 말씀을 지키지 못한 나의 연약한 것 한 가지는 교회 교사 통신대학을 수료하였지만 생업을 위한 육신의 피곤함을 감당하기 어려워 주일학교 교사를 하지 못하고 있다가 2006년에 와서야 유년부를 맡아서 봉사의 사명을 감당하였는데 늦었지만 뜨거운 열정으로 헌신에 임하였습니다.

전도 특공대(화요 전도대)는 2003년 2월 우리 교회 이 주묵 장로님과 유 성종 장로님(당시 안수 집사님) 두 분께서 전도 특공대를 도입하여 전도를 통한 교회 부흥의 기틀을 마련하였으며 2006년에는 부족하지만 저에게 사명을 주시므로 감사하며 전도의 지경을 넓히기 위해 대원들을 더 많이 모집하여 복음의 증인으로 씨를 뿌리며 나아가고자 했습니다. 그리고 지난날 봉사했던 제직회의 장학부서는 한 단계 더 나아가 성숙된 위치에서 지세포교회 장학회로 발족하고픈 마음은 간절하지만 하나님의 뜻이 어디에 있는지는 알 수 없었습니다. 다만 합력하여 선을 이루시는 하나님의 은혜의 역사를 바랄뿐입니다. 이 소망이 연약한 나를 통해서 이루어졌으면 더 이 상 무엇을 바라겠습니까?

그리고 주안에서 육신의 불편한 삶을 살고 있지만 내 영혼만은 건강하게 살아갈 수 있도록 인도하시는 거룩하신 성령 하나님 앞에 나는 진심으로 기도를 통해서 감사를 드립니다.

다리를 잃고 의족으로 또는 목발을 이용하여 그 불편한 육신을 의지하는 불쌍한 영혼들에 비하면 나는 불편한 다리의 힘이지만 내 발로 걸어 다니는 것만 해도 얼마나 감사한 일입니까?

그러므로 우리 주님 앞에 늘 감사하며 믿음으로 장애를 극복하고 가난에서 벗어난 삶에 대하여 한결같은 하나님의 은혜를 늘 감사드 립니다. 예수님을 믿은 후로는 나의 생활에는 한 가지도 어려운 일 이 없이 복된 삶이었다고 말할 수 있습니다.

하나님의 선하신 은혜는 나의 인생의 삶의 길을 고향 양화정에서 부산으로 나의 길을 인도하셨고 부산에서 서울로 인도하여 내 인생 을 절대 절명의 고난의 시발점을 유도하여 영육을 병들게 하여 만 신창이로 만들었고 다시 고향 양화부락으로 내려오게 하여 앞길이 막막하던 때에 선망 운반선으로 승선하여 밀수로 인해 유치장으로 형무소로 밑바닥에서부터 시련과 고통의 절망에서 인생의 삶을 극 복하는 지혜를 배우게 하셔서 예정하신 당신의 뜻대로 '진정 이스 라엘 백성을 젖과 꿀이 흐르는 가나안 땅'으로 인도했듯이 나와 내

가족들을 다시 고향인 양화부락에서 평탄한 삶의 길인 면소재지(面所才地)인 지세포로 인도하여 삶의 터전을 마련케 하여 이곳에서 안착할 수 있도록 복을 주셨습니다.

택한 백성으로 함께 하시고 지세포교회 신자로 전도의 사명자로 꿈과 비전을 가지고 은혜의 삶 속으로 인도하신 것입니다.

예수를 믿기 전 나의 삶은 얼마나 어려운 세월이었습니까. 얼마나 고통스러운 세상 살이었습니까. 육신은 장애를 입고 가슴이 찢어지는 서러움으로 살아갈 길이 막막했던 지난 나의 뒤안길이었습니다. 그러나 이제는 이러한 나의 인생여정에 칠흑 같은 어두운 앞길에 광명의 빛으로 다가오신 하나님은 어두운 세상만을 의지하며 살고 있던 이 불쌍한 영혼을 구원하여 주셨습니다. 그리고 삶의 복을 주시고 새로운 피조물로 거듭나게 하심을 간증합니다.

할렐루야!

너, 봄이여!

잉태의

속삭이는 봄.

하얀 목련이 아름다움을 피울 때

찔레나무 가시덤불에

왕눈이 벙근다.

개나리 길섶에서 웅크리고

그윽한 향기가 소리 없이.

아름다운 정욕으로 꿈틀거릴 때

아침이 뜬다.

태양의 정렬은 봄 속에 가득히

잔인한 너, 봄이여!

너의 아름다운 자태에 추억이 머물고

아름답게 단장한 신부가

신랑을 맞이하듯

지그시 눈을 감고 너, 봄이여!

내 영혼이 황홀함에 젖어

너의 속에서

잉태의 아름다운 계절을 맞는구나.

-봄의 소리를 들으며-

저민 가슴 달래며

청렴한 영혼
성령이 임하여도 사색에 잠기어
생의 오솔 길 애틋한 사랑
달빛 아래 홀로 지새는 외로움

삶의 어두운 터널에서
싱그러운 햇살 가득할 때
잠시, 나락의 순간을 맞았구나.

저 산마루에 걸린 내심(內心)
소용돌이치는 구름 되어
흐르는 빗물 성전(聖殿)앞에 내리네.

저민 가슴 허공 속에 몸부림치고
삶의 온갖 고뇌
동트는 아침을 맞아
새벽의 여명 속에 묻으리라.

22. 천국의 꽃을 보이시고

2005년도에 8년 동안을 우리 지세포교회를 섬기시며 목회하시던 최 우권 목사님께서 안타깝게도 건강이 좋지 못한 관계로 인하여 목회를 그만 두시고 자녀들이 있는 미국으로 가셨습니다.

최 우권 목사님께 하나님의 풍성하신 은혜의 복이 임하시고 건강 회복하시기를 기도합니다. 후임 목사님을 청빙하기 위하여 전 교인들이 하나님 앞에 좋은 목자를 보내 달라고 위하여 기도하였습니다.

많은 목사님들의 청빙 서류가 들어왔지만 전 교인들의 기도 중에 부산 사상교회 부목사님으로 시무하시던 백 종인 목사님을 우리 지세포교회 담임목사로 청빙하게 되었습니다.

목사님은 부임 후 교회 부흥의 비전을 갖고 열정적으로 사역에 임하였으며 온 교회 성도님들도 사명을 다하고 힘을 다해 열정적인 찬양과 기도에 힘썼습니다.

찬양과 기도는 물론이거니와 온 성도들이 성령의 불길이 충만하여 우상의 늪에 빠져있던 영혼들을 새 생명으로 구원하여 교회 부흥의 초석을 이루어 지경을 넓혀가는 역사가 일어났습니다. 많은 새 신자가 교회에 등록을 하는 놀라운 은혜 안에서 교회는 성장의 길을 열어가고 있었습니다.

(백 종인목사님과 새 성도와 함께)

나 역시도 예수 그리스도의 이름으로 힘써 기도하면서 전도자로서 사명을 다하여 뜨거운 열정으로 교회를 섬겼습니다. 날마다 기도에 힘쓰는 이 부족한 것에게 뜨거운 성령의 불길은 타오르고 은혜가 충만해졌습니다. 기도의 문이 열리고 미흡했던 나의 믿음은 성숙한 영적인 삶으로 변화되어 갔으며 나의 영혼은 더욱 하나님과의 영성 회복이 이루어져 갔습니다.

우리가 기도하므로 하나님의 뜻대로 되는 것이 가장 좋은 것입니다. 하나님의 방법이 가장 좋은 방법이고 하나님의 계획이 가장 좋은 계획 아닙니까? 이렇게 교회 부흥을 위한 전도의 풍성함이 도래할 때 성령 하나님의 다섯 번째로 확신에 찬 천국의 증거를 기도 중에 꿈속에서 보여주신 것이었습니다.

2005년 5월 8일 주일 새벽잠에 깊이 빠져 있었습니다. 감격에 찬 소망의 나라 그의 나라의 확신을 믿게 해 주셨습니다. 정말 아름답고 황홀한 꿈을 꾼 것입니다. 꿈속에서 펼쳐지고 있었던 그 광경은 나의 영혼을 너무나 황홀한 아름다움으로 취하게 했었습니다.

꿈속에서 보여 주신 환상은 휘황찬란한 한 송이의 꽃이었습니다. 아름다운 꽃 한 송이는 하늘에서 천천히 나의 머리 위로 향해 내려오고 있었습니다. 스르르 나의 가슴 앞에까지 내려오는 한 송이의 찬란한 꽃을 오른손으로 조용히 받아서 내 품안에 안았습니다. 그 때에 꽃잎 3개가 살랑살랑 거리면서 땅으로 떨어지고 있었습니다.

꽃의 모양은 란(蘭)꽃도 같고 야산에 피는 골무꽃도 같은 이 두 가지 꽃을 합성한 것 같은 꽃 모양인데 하나의 꽃 봉이 여러 개로 붙어서 한 개의 꽃 봉우리로 벚꽃 송이처럼 형성이 되어있었습니다.

꽃의 크기는 길이는 30cm 정도가 되고 꽃 봉우리의 둘레는 지름이 약15cm 정도의 큰 꽃 봉우리고 끝은 지름이 10cm 정도의 고추 모양처럼 생겼습디다.

꽃의 분위기는 찬란한 황금빛을 발했습니다. 꽃잎 끝은 아주 연한 빨강색에서 안쪽으로 내려가면서 연분홍색으로 변했으며 연분홍색에서 노란색도 가미가 되어 있었고 꽃씨도 황금빛을 발하고 있었으며 정말로 아름답고 황홀한 분위기였습니다.

내 평생에 한 번도 맛보지 못한 이 황홀감의 꿈이었습니다. 꿈을 깬 지금까지도 그 찬란하고 아름다웠던 황홀감에 도취되어 생각만 해도 감개무량하고 기분 좋은 날을 보내고 있습니다.

혹시나 세상에 이런 꽃이 있나 하고 여러 곳을 확인해 보았지만 아무리 확인을 해 보아도 없었습니다. 그리고 몇 년 전에 안면도에서 열렸던 세계꽃 박람회에서도 이런 꽃은 보지 못 했었고 꽃 사진이 실린 책을 확인해 보아도 이런 꽃은 없었습니다.

꿈의 저 세상에서 보여 주었던 환상속의 꽃은 내 영육을 사로잡기에는 충분했으며 한 점의 의혹이 없는 기도 중에 임하였던 천국의 증거였습니다. 세상에서 부질없었고, 부족하고 허물 많았던 이 죄인을 사랑하였기에 내 품에 증표로 안겨주신 천국의 꽃임을 확신했습니다.

성령께서는 진실로 이 부족한 죄인에게 천국이 있음을 보여주시고 확신시켜 주신 것임을 나는 믿습니다.

"이 땅에 모든 영혼들이여! 천국이 있는 것을 확신합니다."

이 간증을 읽는 모든 백성들은 예수 믿고 구원받아 천국을 소망하여 의심을 버리고 예수를 믿는 믿음의 삶으로 살기를 바랄뿐입니다. 거룩하신 하나님의 역사가 여러분들의 영혼과 가정에 진정으로 평강을 주실 것입니다. 성부 성자 성령 삼위일체 하나님을 믿고 하나님 나라와 부활의 소망을 확신하면서 살아가는 나의 나그네 인생 길에 성령 하나님의 이런 역사의 인도하심이 있었음을 간증합니다.

진정 하나님께서는 연약한 나에게 주안에서 정금같이 연단시켜 사람의 뜻이 아니었고 하나님의 뜻이 임하여 대기만성의 은혜로 몸 된 교회에 청지기의 소명의 복을 주셨습니다.

주님을 영접한 지 22년이 지난 2005년 11월 26일 토요일 오후 2시 임직식을 거행 집사 장립(執事將立)을 받았습니다.

나만이 조용히 감사와 감격의 눈물을 흘렸습니다. 또 꿈과 비전을 가지고 몸 된 교회의 섬김의 봉사자로 기름 부어 세움의 종으로 부름받기를 소망했습니다.

여호와 하나님을 위해 마음을 다하여 내가 충성할 수 있도록 용

(신인 문학상 수상하던 날)

기를 주셨고 고난이 유익이라 어제는 오늘로 오늘은 내일로 이어지

는 고난의 삶 속에서도 인도하신 성령 하나님이 함께 하시며 생명의 불씨가 점화되어 타오르는 나의 삶이었습니다.

소용돌이치는 감동의 날들은 주렁주렁 익은 가을 들판처럼 평온의 꿈을 간직하게 했습니다. 기도 중에 받은 문학(文學)의 은사는 정말 대단하고 감사했습니다. 돌 뿌리에 채이고 삶을 쫓아 안간힘을 다해 걸어가던 지친 내 영혼이었으며 떨어지는 밤하늘의 별똥별 되어 늪 같은 생활의 나락 속으로 빠져들곤 한 나의 삶이었습니다.

은혜 안에서 나의 정체를 발견하고 지식의 탑을 쌓지 못한 나였기에 살얼음 같은 좁은 나의 인생길에서 가슴에 타는 불길을 안고 저 물을 향해 걸어갈 때 지혜(智慧)의 영(影)은 성령(聖靈)안에서 부족한 나의 영육에 임하셨습니다. 그리고 베푸신 은혜 안에서 꽃을 노래하고 인생을 노래하고 예수 그리스도를 노래하는 시(詩)의 늪 안으로 완전히 들어가게 했습니다.

시 속으로 들어간 나는 첫 작품으로 "미조라 가는 길"이란 시집(詩集)을 출간(出刊)하게 하였으며 "월간 문학세계", "계간" "시세계"에 공모(公募)하여 신인 문학상(新人 文學賞)을 수상(受賞)하게 했습니다. "세계 시 낭송 협회 회원"이 되었고 한국 문인협회 우리 "거제 문인협회 회원"으로 향토 시인으로 활동하는 아름다운 열매를 맺게 해 주셨습니다.

'주여! 감사합니다.'

눈물이 나도록 감격에 넘치고 가슴이 터지도록 감사했습니다. 세상에 내어놓을 것 없고 자랑할 것 없었던 부족한 나에게 우리 주님의 은혜로 성령께서 도와주지 않으셨다면 어찌 내가 문학상을 받을 수 있었고 시인(詩人)이 되었겠습니까?

온전하고 많이 세련된 작품은 못 되었지만 성령님의 베푸신 은혜 안에서 주시는 대로 글을 썼습니다. 부끄러운 학문(學文)으로 부족한 글을 썼지만 최고의 경지에 이른 선생님들이 심사하여 능력과 자격을 인정해 주신 저의 첫 작품이었습니다. 우리 주님은 이렇게까지 이 부족한 것을 높이 세워 주셨습니다.

300여만 원을 투자하여 시집 800권을 만들어 모두를 전도용으로 사용하고 지세포 중학교에 150권을 기증하여 전도와 학생들의 정서

에 도움이 되리라 믿고 전하였습니다.

이제는 향토시인(鄕土詩人)의 길을 걸어가면서 좋은 작품을 창작하여 주님의 이름으로 시를 써서 보름달 같은 밝은 빛을 비춰주고 싶은 마음 간절할 뿐입니다. 아-멘.

세상 사람들 속에 리듬으로 흘러 하나님을 전하는 복음의 열매가 맺어지기를 원하면서…….

세상에서 받은 월계수관, 그 월계수관은 금방 시들어 말라 버리지만 저희가 하나님의 뜻을 따라 행하는 믿음의 삶은 비아돌 노로사의 길 십자가의 길이 고난으로 끝나는 것이 아니고 우리가 그 고난에 동참하므로 영원히 시들지 않는 생명의 면류관, 영광의 면류관이 주어지는 복되고 영광스러운 삶의 길이기 때문입니다.

창세기 30장 27절에서 라반은 언약의 사람인 야곱에게 하나님의 특별한 은혜가 늘 함께하신다는 사실을 알았습니다. 그래서 10번이나 야곱을 속이면서 그를 붙잡아 두었던 것은 야곱이 하나님으로부터 은혜의 복을 받아 누리는 것을 알았기 때문이었습니다.

그래서 라반도 하나님으로부터 복을 받아 누리고 살아간 것처럼

이 부질없는 자도 지금까지 하나님의 은혜로 살아왔음을 확신함으로 여러분들 이 부족한 자을 멀리 두지 마시기를 감히 적어 봅니다. 부족하지만 여러분들의 기도의 통로 은혜의 통로가 될 것이라 확신합니다. 그러므로 하나님 사랑하는 마음으로 날마다 은혜를 사모하며 살아가고 있음을 말씀드립니다.

이렇게 은혜 안에서 하나님을 의지하며, 교회를 섬기며, 봉사하던 중 2007년 3월 29일 장로 투표일인 이 날은 나에게는 마지막 공동의회가 있었던 날입니다. 그런데 안타깝게도 그 반열에 들지를 못하고 나는 엄청난 영적 충격으로 시험에 빠졌습니다.

그 뜨거웠던 열정은 얼음장 같이 식었고 주님을 향한 사명 의식 또한 감당하기 어려운 지경에 빠져 있었습니다. 내 영혼은 또다시 방황했고 힘없는 나의 영육은 받은 영적 상처를 치료해야 했습니다. 그래서 고심 끝에 25년여를 섬겨오던 지세포교회를 떠나기로 작정하고 작은 교회에 가서 조용히 기도하면서 남은 세월을 보내기로 결심하였습니다. 2007년 8월 둘째 주일을 지세포교회에서 마지막으로 주일예배를 드리기로 했습니다.

그런데 이날 주일 새벽에 꿈을 통해 하나님의 역사는 나를 가지 못하게 붙잡았습니다. 그 날 새벽의 꿈이었습니다. 내가 어느 작은 집으로 들어갔는데 그 집 마루에서 어린 간난 아기가 누더기를 배에 반은 걸치고 숨이 넘어갈 정도로 보둥거리며 울고 있었습니다. 그리고 주위에는 아무도 없었습니다. 나는 그렇게 울고 있는 아기가 너무 불쌍하고 애처로웠습니다.

주위의 누군가가 시킨 것도 아닌데 너무나 안타깝고 애처로워서 그냥 지나칠 수가 없었습니다. 나는 무조건 그 아기를 안고 그 집 마당을 나왔습니다. 그리고는 내가 하나님께 기도를 하고 있었습니다. 그런데 중요한 것은 왜, 무엇 때문에 제가 그 아기를 안고 기도를 할 수 있었는지 모르겠습니다. 아기를 쳐다보는 순간 나의 뇌리에 스치고 지나는 기도문이 나의 입으로 나왔습니다. 그리고 생시와 똑같이 기도를 하고 있었습니다.

'참 이상한 일이지요.'

나는 하늘을 향해 우러러보고 큰 소리로 부르짖으며 눈물이 흘러서 온 얼굴에 범벅이 되도록 기도를 하고 있었습니다.

"하나님 아버지! 이 어린 아이가 배가 고픕니다. 이 아기에게 젖을 먹여 배부르게 하시옵소서. 어서 빨리 먹을 것을 주시옵소서. 먹을 것을 주시옵소서."

나는 이렇게 큰 소리를 외치며 마당에서 아기를 안고 기도를 하다가 꿈을 깨었습니다. 꿈을 깬 후 가만히 생각에 잠겼습니다. 이 꿈이 그냥 지나쳐버릴 평범한 꿈은 아니었습니다. 그래서 오늘 무슨 일이 일어날까 생각하며 교회를 나갔습니다. 다음 주일부터는 다른 교회로 나갈 것이라고 마음에 새기고 그동안 잘했건 못했건 25여년을 섬겨오던 지세포교회에서 마지막 예배를 무사히 드리고 집으로 돌아왔습니다.

집으로 와서 우리 박 집사한테 꿈 이야기를 했더니, '애기의 꿈은 근심'이라고 했습니다. 이 말을 들은 나는 '아!' 하는 그 순간 나의 심령에 스치는 것이 있었습니다. 아니 깨닫는 나의 영혼을 발견했습니다.

꿈에서 울고 있었던 그 아기는 나의 영혼이었음을 알았습니다. 내 나이 예순 살이 넘었지만 하나님께서 바라본 나의 영혼은 아직까지 어린 간난 아기에 불과한 여리고 연약한 내 영혼이었던 것이었습니다. 나는 그렇게도 어린 내 영혼을 안고 울부짖으며 하나님께 기도한 것이었습니다.

성령 하나님은 나를 깨닫게 하시고 어리석은 삶으로 돌아가지 못하게 붙잡으신 것이었습니다.

내가 우상의 너울을 쓰고 절대 절명의 고난의 길에서 헤매고 있을 때 성령 하나님의 은혜로 구원받았습니다. 그리고 지세포교회에 등록하였고 그 동안 베풀어주신 은혜 안에서 헌신과 봉사로 지세포교회를 섬기며 성령이 충만한 목사님들의 풍성한 생명의 꼴을 먹고 배부른 영적 삶을 누리고 살아왔는데 이 어두운 낙마의 시험으로 인해 작은 교회에 간다고 내 영혼이 평강을 얻을 것인가.

그 때 나는 다시 나를 한 번 돌아보았습니다. 내 영혼은 영적인 배고픔으로 안정되지 못하고 불안한 신앙생활로 평생을 영적 어려운 길을 걸어가게 될 것이라고 생각했습니다. 주님께서 지세포교회를 섬기라고 긍휼을 베푸시고 능력의 손으로 붙잡아 주셨기에 지세포교회를 떠나려던 발길을 돌려서 하나님의 뜻에 순종하기로 했습니다. 이제는 주의 일에 충성하는 모든 일에 섬기는 도구로는 될지언정 인간적 정욕과 소욕의 더러운 찌꺼기들을 은혜와 생수의 강물로 씻어서 나의 영혼의 심령을 정결하게 하여 모든 욕심을 내려놓고 살아가기로 했습니다.

"순종이 제사보다 낫다"고 하신 하나님의 말씀으로 달고 오묘하신 영적 체험으로 그렇게도 깊은 나락으로 떨어졌던 나의 영혼의 영적 어려움은 서서히 회복되는 은혜의 역사가 도래하기 시작했습니다.

'주여! 이 부족하고 연약하고 허물 많은 것을 긍휼히 여기시어 성령의 은혜로 붙잡아 주시고 함께 하시며 인도하여 주셨음을 감사드립니다.'

이렇게 나의 인생 나그네 길에서 택하여 인도하시고 베푸신 모든 증거들을 심령에 간직하고 독자 여러분들의 앞으로 찾아갈 수 있도록 성령께서 아름다운 은혜의 길을 인도하셨습니다.

내 영혼의 평강과 삶의 평안이 성령 하나님께서 베풀어 주신 은혜이며 나의 인생 60여 년을 통해 나를 인도하신 역사의 증거들을 기록하여 성령 하나님의 인도 따라 한 권의 책으로 출판함을 감사드리며 나의 "신앙 간증"으로 복음을 전합니다.

나는 예수님을 영접한 후로는 나의 삶을 통해서 아무런 사단의 시험도 없었으며 어려운 일도 없었고 평안과 평탄한 삶을 살고 있습니다.

찬송 405장

1. 나 같은 죄인 살리신 주 은혜 놀라워
   잃었던 생명 찾았고 광명을 얻었네.

2. 큰 죄악에서 건지신 주 은혜 고마워
   나 처음 믿은 그 시간 귀하고 귀하다.

3. 이 제 것 내가 산 것도 주님의 은혜라
   또 나를 장차 본향에 인도해 주시리.

4. 거기서 우리 영원히 주님의 은혜로
   해처럼 밝게 살면서 주 찬양 하리라.

너희가 내 안에 거하고 내 말이 너희 안에 거하면 무엇이든지 원하는 대로 구하라. 그리하면 이루리라(요 15:7)

하나님 동산

어둠의 고요가

 적막의 포구에 흐르고

반짝이는 새벽별

 여명의 흔적 있는데

어스름 밝은 새벽달

 북병 산을 넘어가다

남국을 향해 바라보는

 옥녀봉에 걸려 있네.

소리 내어 외쳐라

 아름다운 옥녀봉아

큰소리로 화답하라

 더 넓은 대양아

창조로 이루어진 지세포 포구

 반석 위에 세운 동산 하나님 동산

부흥의 초석 이룬 지세포교회

소망과 꿈이 있고

은혜를 사모하는 믿음의 가정들

물댄 동산 되소서(새벽 기도를 가면서).

낙엽 지는 가을

찬 서리 부르는 가을바람
저 만치 밀려난 햇살
가을비 촉촉이 붉은 잎 새 대롱대롱
한낮 지난 푸른 시절

청초의 왕성함은 아쉬움에 저물고
계절에 노래하는 삼라만상들
솔향기로 감싸고

서리 내리는 가을 붉게 타는 노을
녹수청산이 그립구나.

떨어진 낙엽 땅 위에 차곡차곡
내 몸 회생 썩어 거름되어
만물이 약동 할 때 흙과 함께
추운 겨울 따사하게

그윽한 흙냄새 영원한 품속에서
잠든 나무 꿈을 깨우고
침묵의 생명들 뿌리 내리리.

아름다운 눈물

시린 손 눈물 흘리고
서러운 눈물 가슴에 묻어
굽이굽이 흐르는 눈물
인내의 삶 속에 묻었답니다.

즐거움 속에 흐르는 눈물
기쁨 속에 닦는 눈물
사랑과 격려와 포용의 눈물
아름다운 눈물인지 몰랐습니다.

저린 손 눈물 닦고
참을 인(忍)자 3자를 썼습니다.
그리고
고이고이 내 가슴에 새겼습니다.

부모님께 효도 못한 눈물
후회의 아쉬운 눈물
인내하며 감동의 눈물
아름다운 눈물이었습니다.

안개 자욱한 장승포항

서이 말(末) 등대

스치고 지나가는 바람 결
허공 속에 비치는 생명의 불씨
그리운 임들 손짓하며
이 한밤을 지새우네.

울다가 지친 등대
외로움에 피어오르는 영혼의 향불
기다리던 임 반기면서

하늘을 지붕 삼고 춤추는 너.

희망의 꿈을 간직한 너
사랑이 가득하구나.

소용돌이의 비구름 밀려올 때
태풍의 성난 파도 천지가 진동해도

너희자리 지키며 우뚝 서 있는
경이로운 너.
서이 말(末) 등대

사진화보

(백종인 목사님과 허미정 사모님)

(서울에서 저자)

(지세포교회 1.2남, 여전도회기도회를 마치고, 가운데 회색양복 저자)

(지세포교회 1,남, 여전도회 일본고베여행
뒷줄왼쪽 6번째 백종인 목사님, 2번째가 저자)

(열리지 않았던 예배당 문을 열어준
박 덕신 집사님과 저자(왼쪽))

(뒷줄 오른쪽 첫째 저자, 80년도 남전도회회원)

(90년도 지세포교회 남전도회 뒷줄 오른쪽 저자)

(반석문 장로님과 김재남 집사, 왼쪽이 저자)

중국 장가계 설산(雪山)에서 저자

(예수 믿은 후로 단란한 우리가족)

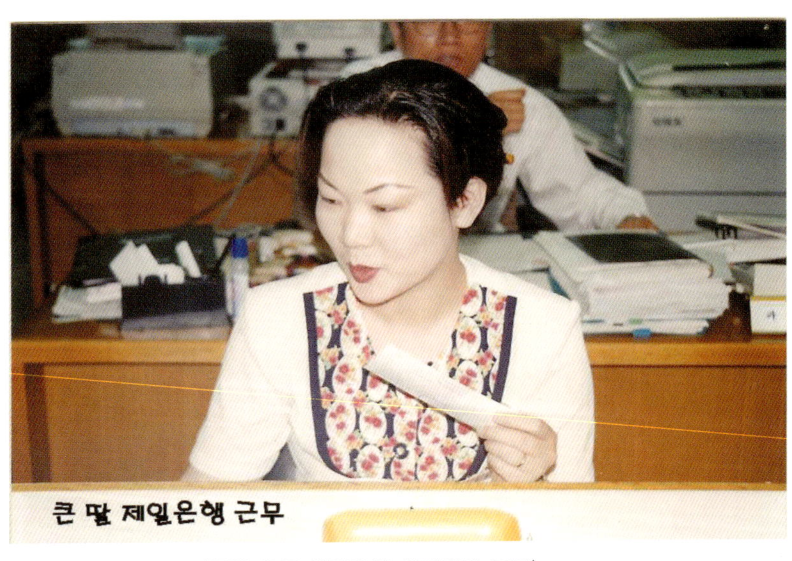

(큰딸 은주 제일은행 과장대리 근무)

(왼쪽이 둘째 딸 은아)

(아들, 경환)

(학동몽돌해수욕장에서 가족 친척들)

(저자의 친구들)